KB259924

내 마음에 피는

우담발화

내 마음에 피는

웃음발화

청정심(이상옥) 저

운주사

추천사

만일萬日기도 회향이라고 한다. 30여 년 세월을 하루같이 기도 정진한다는 것은 어지간한 원력과 서원이 없으면 불가능한 일이다. 출가수행자도 아닌 재가불자로서 백일도 아닌 만일이라는 기도는 상상도 할 수 없는 일이다.

인연법이 오묘해서 청정심 보살님의 만일기도 회향과 미타사 만일기도 회향이 같은 날이다. 즉 미타사와 함께한 삶이란 얘기다. 세상살이가 바람 앞의 등불이고 풀잎 끝에 이슬이라고 하는데, 그 긴 세월 부처님 법을 붙잡고 은사스님의 가르침에 따라 사바세계의 고통을 헤쳐 나온 청정심의 신앙생활은 사부대중의 귀감이 되고 있다.

나도 이곳 미타사에서 잔뼈가 굵은 지 40여 년이 되었다. 하지만 속세에 살면서 청정심 보살이 의지하고 믿는 이는 청정행 보살뿐이다. 아마도 이 두 분은 전생부터 불전에 도반으로 수행하기로 지중한 인연을 맺은 것 같다. 오늘날 청정심이 있기까지는 청정행 언니의 힘이 지대하다고 본다. 아마도 세상에 전무후무한 도반이라고 생각한다.

청정심의 글속에는 미타사가 있다. 단순히 이름만으로 등장하는 것이 아니다. 은사스님의 삶과 열정이, 치열한 구도행과 간절한 기도가 담겨져 있다.

청정심淸淨心, 불명佛名처럼 앞으로도 맑고 향기로운 삶의 이야기가 계속되기를 바라며 이 글을 접하는 모든 이가 자리이타의 보살행으로 부처님을 닮아가는 계기가 되었으면 하는 바람을 가져본다.

불기 2554년 7월
충북 음성 미타사 주지 희원스님

빈녀貧女의 등불이 되기를

모든 만남에 감사한다. 기도 속에서 체험한 이야기로 스스럼없이 엮어 낸 글들이다. 아직 어설프고 여물지 않은 글들이 쑥스럽기만 하다. 삶의 여정이 그리 녹녹치가 않았다. 내가 곤경에 처했을 때 세상은 나의 편을 들어주지 않았다. 한때는 많이 슬펐다. 그래서 기도에 더욱 매달릴 수밖에 없었다. 기도 속에서 받은 은혜는 수없이 많았다. 몇 편만을 추려 이곳에 실었다. 조금도 사심이 없다는 것을 알아주었으면 하는 바람이다.

자연은 누구에게나 평등하다. 햇빛, 바람, 공기, 비, 그 모든 것을 차별 없이 골고루 주고 있다. 부처님 법도 자연과 똑같이 누구에게도 차별이 없다. 빈녀貧女의 등불같이 지극한 정성으로 기도를 드리면 누구에게나 은혜를 주신다. 어떠한 어려운 일이 우리 앞을 막더라도 조금도 방황하지 않아도 된다. 맑은 마음과 깊은 믿음으로 정성껏 기도를 올리라고 부탁드리고 싶다. 그러면 우리의 앞길은 훤히 열릴 테니까.

우리 가족을 위해 기도해 주시는 스님들, 글 선생님, 청정행 언니를 비롯한 도반님들, 기도 속에 파묻혀 아내 노릇 제대로 못하는 나를 묵묵히 지켜보아 준 남편과, 언제나 엄마의 기도를 믿어 주는 우리 아이들, 문학 선후배들, 그리고 책이 나오도록 수고해 주신 분들께 진심으로 깊이 감사를 드린다. 이 책을 만나는 이마다 신심과 위로와 희망이 되기를 바란다.

불기 2554년 7월, 만일기도회향일을 앞두고
청정심 합장

3. 빈녀의 등불

1. 지혜의 언덕

룸비니 동산 순례를 마치고

천일기도를 시작한 지 사백 일이 가까워 올 무렵 미타사에서 인도 성지 순례를 떠난다고 했다. 스님들께서는 천일기도든 백일기도든 기도 중에는 부모님이 돌아가셔도 문 밖 출입은 전혀 안 하고 기도에만 일념이시나, 사가私家에서는 그렇게 기도하기는 어렵다.

여행을 하게 되거나 성지 순례를 하게 되면 아침저녁 기도를 집에서처럼 제시간에 할 수가 없다. 이번 성지 순례는 인도였다. 인도는 한국시간보다 3시간 30분이 늦다. 여행 중에는 단체로 움직이는 시간에 맞추느라고 밤잠은 자야 한다. 새벽 3시 30분 또는 4시, 그날 일정에 따라 아침 일어나는 시간과 취침시간이 일정치 않다.

새벽에 호텔에서 아침식사를 하고 버스에 오르면서 기도에 입재한다. 집에서는 정해진 시간만큼 충분히 기도할 수 있지만, 차에서 오르내리고 옆 사람과 몇 마디 대화도 하며 성지에 가서는 가이드의 이야기를 들어가며 중요한 것은 메모도 해야 하기 때문에, 기도도 성지 순례도 반반씩 하는 셈이 된다. 하지만 어쩔 수가 없다. 그래서 새벽 버스에 오르면서 호텔 숙소에 들 때까지 틈만 나면 기도를 하게 된다.

룸비니 동산! 생각만 해도 가슴이 뭉클해오고 환희심이 타올랐다. 아주 멀고 먼 어느 하늘나라 같은 것으로만 상상했던 부처님이 육신으로 태어나신 룸비니 동산을 천일기도 중에 오게 되었으니, 나의 이 기쁨을 무엇에 비하랴.

부처님은 룸비니 동산에 태어나시기 전 도솔천 천왕으로 계시다가 "내가 이제 이 천상에서 명이 다하여 인간에 나게 되리라. 나는 자는 반드시 죽고, 만나면 마침내 이별하는 것이 이 세상의 법칙이다. 이 몸을 버린 뒤에 길이 나고 죽음이 없는 보리를 성취하여 '열반'의 피안에 이르게 되리라"는 말씀을 남기셨다. 그리고 인간계에 태어나서 도를 닦아 정각을 성취하시려고 인간들 중에서 종족이 깨끗하고 육십 공덕이 구족한 정반왕과 마야부인을 부모님으로 택하셨다. 그리고 조용히 선정에 들어 인간계에 강신하여 마야부인의 태에 들었다.

고리성의 아누왕은 마야부인의 친정아버지였다. 그때의 풍속에 해산은 친정에 가서 하도록 되어 있었다고 한다. 마야 부인의 친정아버지 아누왕은 사신을 보내어 정반왕에게 "과인의 딸 마야왕비가 성태를 밴 지 열 달이 차서 산기가 임박하였으니, 곧 친정에 와서 해산하도록 하여 주시오"라고 청했다.

고리성에는 룸비니 동산이 있었다. '룸비니'는 아누왕의 부인 이름인데, 룸비니 부인을 위하여 조성하였기에 이름을 룸비니라고 한 것이다. 때는 한창 화창한 첫여름으로, 백화가 만발하여 아름다움을 다투고 온갖 나무가 우거졌으며 백 가지 새들이 지저귀었다. 마야부인은 이처럼 화창하고 아름다운 광경에 도취되어 여러 시녀들에게 둘러싸여 동산을 산책하고 있었다.

그 동산 한복판에 바라차라는 나무가 있었다. 가지와 잎이 한껏 퍼져서 여러 가지 색깔이 어우러져 그 잎이 마치 비단 치맛자락같이 부드럽고 묘한 향기가 온 천지에 가득하였다. 마야부인은 그 나무 밑에 이르러서 오른손을 들어 나뭇가지를 잡았다. 그때 아기가 태동하여 아주 고통 없이 분만을 하였다. 때는 음력 4월 8일이었다. 태자는 세상에 나와서 사방으로 일곱 발자국을 걸으면서 한 손은 하늘을 가리키고 한 손은 땅을 가리키며 "천상천하 유아독존天上天下 唯我獨尊"이라고 말씀하셨다. 그때 천지가 진동하고 모든 신들이 둘러싸며 '가라'와 '울가라'라는 두 용신이 뜨겁고 차가운 두 줄기의 물을 섞어 따뜻한 물을 쏟아 내려 목욕시켰고 하늘에서 꽃비가 내리고 음악이 울렸다고 한다.

부처님께서 이렇듯 훌륭하게 태어나신 룸비니 동산, 나는 그곳에 간 것이다. 룸비니 동산 안에는 마야대비 사원이 있다. 안에는 부처님의 탄생을 조각한 상이 높은 벽에 걸려 있으나 형태만 있을 뿐 똑똑히 알아볼 수가 없었다. 조각상 아래에는 부처님의 발자국, 곧 '족적'이 유리 속에 보존되어 있다고 한다. 우리는 그 앞에서 사진을 찍고 밖으로 나왔다.

2500년 전에는 지상에서 가장 아름다운 동산이었다는데, 지금은 평지에다 울타리 가장자리에 꽃이 피어 있을 뿐 쓸쓸했다. 한가운데 우람한 나뭇가지에는 울긋불긋한 천이 줄지어 걸려 있고 밑동에는 분명치 않은 작은 조형품과 그 앞에는 꼬질꼬질한 현지 지폐가 몇 장 놓여 있었다. 그 옆에는 초라한 한 여인이 지키고 앉아 있다.

부처님 당시에는 인간계에서 중심이고 갠지스 강물이 맑게 흘러내리고 부족한 것이 없는 나라였는데, 지금은 가난하고 지저분한 모습만 보였다. 부처님이 태어나신 나라인데 어찌 그 꼴이 되었는지…… 주인을 잘못 만난 탓일까? 현지 가이드는 "앞으로는 세계에서 가장 잘사는 나라가 될 것이라"고 말했다. 잘사는 시대가 올 때는 반드시 불교가 성행할 때라고 믿고 싶다.

인도는 힌두교가 80%이고 나머지는 이슬람교, 그리스도교, 시크교이고 불교는 1%라고 하니 불교는 거의 없는 셈이다. 성지 순례하는 사람들은 다른 나라에서 오는 사람들이라고 했다. 담 밖에는 상인들이 많은 물건을 팔고 있었고, 성지마다 거지들은 거듭 '석가모니불'을 부르며 우리를 쫓아 다니면서 손을 내민다.

부처님은 인도 룸비니 동산에서 왕자로 거룩하고 위대하게 태어나셨다. 보리수나무 아래서 6년 고행 끝에 성불하셔서 49년간의 설법을 마치시고 80세를 일기로 구시나가라 사라쌍수 사이에서 대열반에 드셨다. 부처님께서는 열반하시기 전 마지막 말씀으로 "내가 멸도한 후에 너희 비구 중 계행을 지니는 자는 나의 몸이 없어졌다 해도 여래의 법신과 함께 있는 것이고, 계행을 가지지 않는 자는 한량없는 세월을 여래와 함께 있다 해도 아무 소용이 없다"고 하셨다.

사람이 태어나서 백년을 산다 해도 건강한 몸으로 맑은 정신에 좋은 일을 제대로 하며 살 수 있는 시간은 얼마나 되며, 그중에서도 부처님의 가르침에 귀의하여 참회기도하면서 사는 시간은 또 얼마일까? 현재 내가 살아 숨을 쉬며 기도 가운데 부처님 성지 순례를 한다는 것은 큰 축복이며 은혜로움이라고 생각을 하니, 가슴이 벅차올라 눈시울이 뜨거워오기도 했다.

어느 나라를 가 보아도 우리나라만큼 부처님을 잘 모시는 나라는 없는 것 같다. 우리나라의 명당자리에는 어디나 사찰이 세워졌고, 정법을 지키는 스님들이나 신심이 돈독한 신도들은 불교나라 어디에 내놓아도 부끄럽지 않다는 생각이다. 간혹 외도들 때문에 망신을 당할 때도 있기는 하지만…….

경제가 가장 힘든 지금도 곳곳이 불사 중이고 부처님을 조성해 모시는 신심은 지극하다. 나는 부처님께서 생전에 상주하신 곳의 흔적만 보고도 부처님을 뵈온 듯 반갑고 감개무량했다. 이런 진심어린 신심을 부처님은 아셨을 것이다. 그리고 인도에 불교가 없다는 것에 가슴 아파하며, 언제인가는 대한민국 불교가 전 세계를 불국토로 통일할 날이 와서 많은 생명이 죽거나 다치는 전쟁을 막고, 부처님께서 말씀하신 남을 자신의 몸으로 생각하고 자비를 베풀라는 동체대비 사상이 실천되기를 빌어 본다.

연꽃 사리

찬바람 일고 귀뚜라미 우는 밤입니다. 그렇게도 믿고 의지하고 좋아했던 스님께서 세상에 안 계신다는 현실이 믿기지 않습니다. 인생이 이렇게 헛될 수가 있을까요. 세상이 텅 빈 느낌입니다.

무상 속의 삶, 잘살아야 하겠습니다. 누구나 잘살아 보겠다는 의욕은 갖고 있지만 잘사는 이들이 많지 않습니다. 무량겁을 거치는 속에서 보면, 우리네 인생은 잠깐입니다. 짧은 한 생애에서 가족, 친척, 친구, 이웃도 마음이 안 맞아 원만한 관계를 이루지 못합니다. 이런 일들은 모두 마음을 다스리지 못해서 생기는데, 그 마음 다스리기가 쉽지 않습니다. 그렇기 때문에 종교가 있어야 하고 스승이 필요합니다.

저 역시 어리석고 욕심 많고 야속함을 잘 타는 사람이었습니다. 참으로 다행인 것은, 가까이 계시는 은사이신 큰스님께서 올바르게 가르쳐 주시고 이끌어 주셨습니다. 그래서 마음의 정리가 잘되어 가는 중이었습니다. 훌륭한 큰스님의 제자라는 사실이 행복했습니다. 모래알처럼 많은 사람 중에 한 나라에 태어나, 한 고을에 살면서 좋은 스승과 제자가 되었다는 것은 큰 인연임에 틀림이 없습니다.

저는 명안 큰스님과의 인연으로 다시 태어났으며, 어떠한 어려움이 닥쳐도 이겨내며 행복한 삶을 살 수 있었습니다. 큰스님의 교훈대로 살다 보니 어느 사이에 일이 술술 풀리기 시작했습니다. 부모님께 못다 한 효를 우리 큰스님께 다하려고 했는데, 큰스님께서는 기다려 주시지 않고 훌쩍 떠나 버리셨습니다.

육재 때 큰스님의 사제이며 스님을 보필하던 우담보살은 모두가 그림자같이 보인다고 했습니다. 딴 세상에 사는 것만 같다고요. 하지만 아직은 스님께서 미타사 도량에 가득히 계시는 것만 같아 떠날 수 없다고 했습니다. 볼일이 있어 청주에 갔는데, 살아 계실 때와 같이 빨리 오라고 하시는 것 같아 부리나케 달려 왔답니다.

　그렇습니다. 큰스님께서는 분명 미타사에 상주하고 계십니다. 연꽃 봉오리 사리로 바꾸어 나투셨을 뿐입니다. '중생들아, 내 모습을 보고 어렵겠지만 나 같이만 살아라!' 하시는 것 같습니다. 가까이서 큰스님의 모든 삶을 지켜봤고, 열반하시어 연꽃 사리로 새로이 나투신 모습을 보면서 인생에 대해서 많은 생각을 하게 되었습니다.

　다비식의 불꽃마저 꺼지고 까만 재만 남았을 때, 고귀하고 당당하시던 스님의 이 모습이 무엇이란 말인가! "스님! 스님……" 울며 불러 봐도 아무 대답이 없으셨습니다.

　아침 해가 솟아오를 때 기마라사 주지스님과 상좌스님들, 그 외에 많은 스님들이 오셔서 기도를 올린 후 습골을 시작했습니다. 우리 모두 침통한 마음으로 유골을 골라 한지 상자에 담기 시작했습니다.

　침묵이 흐른 얼마 후 어떤 스님께서 "여기 연꽃 사리요!"라고 하는 소리에 모두 황급히 모여들었습니다. 정말 거기에는 연꽃 봉오리인 작은 물체가 있었습니다. 자세히 볼수록 그 모양은 연꽃 봉오리였고, 꽃 잎사귀가 겹친 선까지 마치 사람의 손으로 세공한 것처럼 정교했습니다. 기마라사 주지스님께서 "스님 잘 사셨습니다!" 하실 때 모두 삼배를 올렸습니다.

다비식을 집행하셨던 스님께서 참나무 고열에서는 사리를 건질 수가 없다고 했습니다. 덕숭산 수덕사 문중에서는 원래 사리는 상相이기 때문에 무시하라고 했고, 세상에 내놓지 말라는 법이 있었다고 합니다.

하지만 우매한 중생 세계에서는 직접 눈으로 봐야 실감을 하기 때문이었을까요? 어떻게 그렇게도 귀한 사리를 나투셨는지. 우리 큰스님이 수행을 잘 하셔서, 부처님께서 그 흔적을 중생들에게 보여 깨우쳐 주기 위하여 한 과라도 남겨 주신 것 같습니다. 큰스님께선 생전에 '내가 죽은 후 혹 사리가 나오더라도 절대 세상에 내놓지 말라'고 당부하셨다고 들었습니다. 여러 스님들과 의논 끝에 총무스님께서 불심 약한 신도들에게 튼튼한 불심을 심어주기 위하여, 사십구일 동안만 친견시키기로 결정하셨습니다. 생전에 한 중생이라도 더 구하려고 온 정열을 다 바치신 큰스님의 원력이, 열반하신 후 헤아릴 수 없는 중생들을 제도시키고 계십니다.

그날 아침에는 안개도 끼지 않은 청명한 날씨에 태양도 더욱 눈부셨고 온 천지가 축복을 주는 듯 동양 최대 지장보살님께서도 빙그레 미소를 짓고 계셨습니다.

저는 큰스님의 영정을 향하여 못다 한 이야기를 드렸습니다.

스님께서는 약하신 몸으로 갈대만 가득한 산에 걸망 하나 메고 오셨습니다. 가난하고 신심 없고 말 많고 무지한 곳에서 참선과 불사, 천도재와 중생 교화 등으로 가시는 마지막 순간까지 최선을 다하셨습니다. 금생에는 진흙 구덩이에 오셔서 연꽃 삶을 사셨기에 그대로 연꽃 봉오리를 맺어 놓고 열반에 드셨습니다. 어리석은 중생들에게 인생의 무상함을 몸소 보여 주시려고 이곳에 오셨던 것입니다.

스님, 생전에 이 사바세계에 다시 올 만한 곳이 없다고 말씀하셨으니, 부디 극락세계에 왕생하시어 그곳을 떠나지 마시고 분신으로 이승의 중생을 제도해 주시옵소서. 스님, 그곳에서도 총무 스님과 사제인 우담보살을 걱정하고 계시겠지요. 두 분에게 건강 주시고 못다 이루신 불사 회향할 수 있도록 도와주시리라 믿습니다. 큰스님을 너무 존경하고 좋아하던 청정심도 잊지 마시고, 생전에 부탁드린 대로 저승에서나 이승에서나 으뜸 제자로 큰스님 곁에서 시중들며 공부하게 해 주소서. 그리고 언젠가 때가 차면, 사바세계에 다시 오셔서 못다 이루신 불사 원만하게 이루시고 세계가 불국토가 되도록 자비의 연꽃 봉오리를 활짝 피워주소서.

지혜의 언덕
-명안 큰스님을 그리며 -

새벽기도가 끝난 시간, 밖에는 비가 내리고 있다. 8월 13일(음력 7월 초나흘)이면 큰스님 열반하신 지 4주기가 된다. 스님이 계셨더라면 미타사 도량이 더욱 활기 넘치는 날들이었을 텐데. 스님 영전에 절을 올리면서 아쉬운 눈물을 흘렸다.

주위를 둘러보니 신도들도 그대로이고 아무 것도 변한 것이 없는데 스님만 안 계신다. 허탈하고 쓸쓸하다. 스님이 계신다면 드릴 말씀이 많은데, 이 쌓인 이야기를 마음 놓고 할 데가 없다. 집안 이야기며 밖의 이야기가 마음속에서만 첩첩이 쌓여 있다. 친정 부모님같이 정이 많으셨던 큰스님…… 뒤돌아보니 스님께선 삶의 고비 고비마다 등불이셨고 버팀목이 되어 주셨다.

큰스님과 인연을 맺은 것은 사십대 초반이었다. 시어머니께서 중풍으로 쓰러져 힘들게 병구완을 할 때 미타사를 찾았다. 그 무렵 미타사는 법당을 새로 짓고 부처님을 모시며 활기를 띄어 갔다. 나 또한 정신적 지주인 스님으로 인해 삶의 괘도가 수정되고 있었다.

큰스님과 나는 어느 생에 어떤 인연이었을까? 처음부터 믿음이 갔고 무조건 좋아 자주 미타사에 가게 되었다. 갈 적마다 법문을 해 주셔서 조금씩 부처님 세계를 이해하게 되었고 신심도 깊어져 기도 생활을 더욱 열심히 했다. 그러면서 큰스님과 정도 들어갔다.

어느 봄날, 큰스님께서 물으셨다.

"청정심 보살, 내 유발상좌 하겠어?"

"유발상좌가 뭔데요?"

"마을에 살면서 머리 기른 상좌!"

좋아서 "네" 하고 선뜻 대답을 했다.

그 후 가정에서 일어나는 일 모두를 스님과 의논하고 신심 나는 기도 생활로 오늘까지 이어지고 있다. 시어머님, 친정어머님, 남편이 병원에 입원했을 때, 아이들 일로 걱정거리가 생기면 신중기도, 관세음보살님기도, 삼성각에 칠성님기도, 산신님기도,

나반존자기도, 천도재…… 그때그때 맞추어 몸소 같이 기도를 해 주시며 구병시식도 열심히 해 주셨다.

남편이 심장질환으로 병원에 입원했는데, 어떤 약으로도 효험이 없었다. 스님께선 관음기도를 3일 해 보자고 하셨다. 남편도 병원에서 나와 함께 기도했다. 열 시간 이상 기도를 해 주시며 정성을 다해 식사를 챙겨 주셨고 힘든 구병시식도 삼일 동안 하셨다. 큰스님의 지극정성으로 남편은 기적적으로 거뜬히 일어날 수 있었다.

몇 년 전 우리 부부는 큰 시련을 만나게 됐다. 한 가지 일만 해도 어려운데 세 가지 액난이 한꺼번에 닥쳐온 것이다. 인간고, 병고, 금전 문제가 물밀듯이 밀려왔다. 어느 누구도 막아줄 수가 없었다. 허물어져 가는 남편의 건강, 쓸데없는 곳으로 돈은 여기저기 빠져나가고, 여러 사람들의 시비는 물 끓듯 했다. 밖에 나가 다닐 수 없을 정도로 우리 부부를 벼랑으로 몰아세운 어이없고 황당한 일이었다. 마치 영화에서나 볼 수 있는 일이 우리 앞에 현실로 벌어진 것이었다.

심장이 그대로 얼어 버린 기분이었다. 그렇게 어려운 상황에 처했을 때 오직 큰스님만이 우리를 품어 주시며 좋은 법문으로 희망을 잃지 않게 해 주셨다. "사필귀정事必歸正이니라" 하시며

함구하고 열심히 기도만 하라고 하셨다. 또한 부처님 일대기를 보라시며, 스님인 나도 겪고 있는데 마을에서 살면서 그쯤은 이겨내야 한다고 타이르셨다.

하루는 밤새도록 기도를 하고 새벽에 노 보살님 방에서 잠깐 쉬는 중에 잠이 들었다. 법당 오른쪽 기둥에 거미 모양의 벌레들이 뒤웅박 덩어리만큼 엉켜 붙어 있었다. 비닐봉지를 가져다가 벌레를 담아 주차장 가장자리에 버리고 뛰어오는데 그 벌레들이 나를 쫓아 법당 마당으로 들어왔다. 그런데 주지스님 방 앞에서 파랑새 두 마리가 그 벌레들을 다 쪼아 먹는 것이었다. 깨고 나니 꿈이었다. 큰스님께 바로 꿈 이야기를 말씀드렸다. 파랑새는 관음조라고 하시며, 관음조가 벌레들을 다 먹었으니 기도가 성취되어 앞으로 괜찮을 거라고 좋아하셨다.

훌륭한 인격을 갖춘 사람에게는 엄격함 속에 따뜻한 향기가 풍겨 자연스럽게 빨려들게 하는 힘이 있다. 바른 생각으로 수도 생활을 오래한 얼굴에는 어딘지 모르게 아무나 감히 넘볼 수 없는 힘이 서려 있다. 큰스님 앞에 있노라면 그런 향기를 느낄 수 있어 하루 종일 있어도 그 앞을 떠나기 싫었다.

좋은 일이 있을 때는 더욱 기뻐해 주시고 어려운 일에는 같이 걱정하시며 해결해 주신 큰스님, 생전에 있었던 일을 생각하거나 글을 쓰고 있는 지금도 행복해진다. 그런데 안 계신다는 생각이 들면 무척 섭섭하고 슬퍼진다. 명안 큰스님이 안 계셨더라면 오늘의 내 삶은 어디쯤에서 어떤 삶을 살고 있을까? 스님이 계셨기에 오늘의 내가 있고 우리 가정은 이렇게 행복하다. 큰스님께서 45년 동안 피땀으로 일구어 놓으신 미타사 도량에 발을 들여 놓은 모든 사람들이라면 다 은혜를 입고 무장무애하기를 빈다. 미타사 도량은 부처님이 현존하시어 살아 숨 쉬는 산 도량이며, 큰스님 숨결이 곳곳에 배어 있는 곳이다.

스님 생전 미타사 법당과 지장전 하늘 위로 가끔 부처님이 나투셨다. 나 또한 믿지 못하여 부처님이 나투시면 꼭 불러 달라고 당부를 했는데, 어느 날 새벽 그 신비하고 경이로움을 체험할 수 있었다. 미타사 법당 위로 지장보살님과 같은 형상의 큰 부처님이 우뚝 나투셨다. 상좌 스님들이 큰스님 나와 보시라고 소리치자 큰스님이 나오시며 "난 이미 친견했다" 하셨다. 그럼 왜 말씀하시지 않으셨냐고 묻자 스님은 빙그레 웃고만 계셨다. 이런 스님의 생애를 지켜보았던 미타사 도량 산천초목이 큰스님 그만 고생하시고 극락정토에 가시라고 준비를 하고 있었던 것 같다.

열반하시던 그해부터 3년을 코스모스가 하얀 소복을 입고 피더니 작년 미타사 담장에는 나팔꽃도 온통 하얗게 피었다. 자연도 스님이 가심을 슬퍼하며 물을 들이지 않았는데, 스님을 그리 워하는 우리 마음이야 무엇으로 표현할 수 있겠는가! 가끔 꿈속 의 스님은 바쁜 모습이시다. 지금도 극락세계에서 열심히 부처님 말씀을 전하고 계시리라는 생각에 잠이 깨면 나도 모르게 '나무 아미타불'을 연호連呼하고 있다.

나는 지금 기운이 없고 자리에 눕고 싶다. 그런데 게으름 피지 말고 기도해서 성불하라는 큰스님 말씀이 들리는 듯해서 정좌하 고 나를 찾아본다. 언제나 고통 속에서도 평온한 모습을 잃지 않 고 모든 일에 최선을 다하셨던 큰스님은 미망의 이 시대에 부처 님이 보내 주신 맑고 그윽한 지혜의 언덕(明岸)이 아니셨을까? 떠나신 뒤에야 깨달으니 이 우매함을 어찌하랴. 오늘따라 큰스님 이 몹시 그립다.

사람 인人자

서로 기대어 한 글자를 이루는 사람 인人은 평생 부처님을 바라보며 함께 하신 명안스님과 희원스님을 상징하는 것은 아닐까. 혼자서는 어려운 세상살이일지라도 마음 맞는 이와 함께할 때 성공하는 것처럼.

　명안 큰스님께서는 손자 상좌까지 서른세 명의 상좌를 두셨다. 모두 하나같이 사랑하고 아끼시지만 맏상좌 희원스님에 대한 사랑은 유난하셨다. 희원스님은 몸이 약하기도 했지만 큰스님 곁을 잠시도 떠난 적이 없다. 십육 세에 명안 큰스님을 은사스님으로 모시게 되었고 그 세월이 금년 들어 사십 년이 되었다고 한다. 큰스님과 희원스님은 사람 인人자와 같다고 늘 생각해 왔다. 서로 기대고 버텨 주며 미타사 도량을 조성해 오신 인고의 세월. 그러나 그 삶은 어느 누구도 따를 수 없는 아름다운 삶이었다. 서로 아끼고 존경하며 사랑하는 친부모 자식 이상이었다. 스승은 자신의 몸도 많이 아프면서 상좌의 건강을 더 걱정했고, 상좌는 스승의 건강을 더 염려했던 그런 두 분이셨다.

어느 해 입춘, 철야정근 때였다. 그날따라 날씨는 살을 에는 듯 추웠다. 큰스님께서는 가사를 정중하게 수하시고 새벽기도에 참석을 하셨다. 무릎을 꿇고 지그시 눈을 감고 정진하시는 큰스님의 용안을 뵙게 되었다. 어디가 아프신지 푸석한 용안에 온갖 괴로움이 가득하며 무거워 보였다. 많이 아프신데 꼭 스님이 참석을 해야만 하는지 한편으로는 걱정이 되었다. 그때 큰스님은 옆에서 기도하고 있는 맏상좌의 털목도리를 다독거려 주시고 나가셨다. 잠시 후에는 다시 법당에 들어오셔서 상좌를 따뜻한 방으로 보내고 큰스님이 대신 기도를 회향하셨다. 그 장면이 얼마나 애틋하고 정겨워 보였는지, 한 편의 아름다운 드라마처럼 내내 가슴에 남아있다.

명안 큰스님과 희원스님은 성격이 정반대였다. 누군가의 말에 성격이 정반대면 궁합이 맞아 잘산다고 했다. 서로가 모자라는 부분을 채워주기 때문이다. 그 시절에는 양식이 귀해 미타사에 도움을 청하러 오는 사람이 많았다. 그럴 때마다 큰스님은 '우리는 공양미가 들어오면 되니 있는 것을 모두 내주라'고 하셨는데, 희원스님은 몰래 반을 덜어 놓아 다음날 절집 식구들이 굶음을 면할 수 있었다고 했다. 큰스님은 누가 와서 어려운 이야기를 하면 의심 없이 다 받아들이며 해결해 주려고 고민을 하시지만 옆에 있는 상좌는 한번쯤 생각을 해 보는 성격이었다. 이런 상좌를 나무랄 때도 있었지만 속으로는 든든해하시며 흐뭇하게 생각하셨을 것이다.

큰스님은 맏상좌의 마음가짐이나 행동을 보아 큰 그릇이 될 재목임을 알아보셨던 것이다. 사찰의 큰살림을 어린 맏상좌에게 다 맡기셨다. 그래서 누구에게나 총무스님으로 불리웠다. 큰스님은 큰일이든 작은 일이든 혼자 결정짓는 일이 없이 상좌와 의논해서 일을 처리하셨다.

두 분의 조화로 인해 지금의 미타사가 이렇게 성장을 했을 것이다. 두 분은 다 몸이 약하셨기 때문에 서로 걱정하며 좋은 약이나 좋은 음식이 있으면 서로 생각하고 챙기셨다. 저렇게 알뜰히 챙기시다가 만약 한 분이 먼저 떠나시면 어떻게 하실까하며 우리는 늘 걱정하곤 했다.

그렇게 조화를 이루며 어렵게 불사를 이루는 중에 윤칠월 초나흗날 아무 말씀도 없이 큰스님이 열반에 드셨다. 하늘이 내려앉고 땅이 꺼지는 심정이었다. 주위 모든 사람들은 졸지에 의지처를 잃은 총무스님을 걱정했다.

어린 나이에 큰스님을 따라 이곳에 오셔서 많은 세월을 큰스님 그림자로 살아오신 분이다. 세상의 영화를 버리고 큰스님의 수족이 되어 오늘날의 미타사를 일구신 분이니, 한편 그분의 미망未忘을 누가 가늠이나 하겠는가. 법연法緣으로 만나 고락을 같이한 두 분의 관계는 인연법의 소중한 가르침을 준다.

주지스님이 되신 희원스님께서 큰스님의 유지를 받들어 범종각을 세우느라 노심초사 하시던 어느 날 밤 꿈에 큰스님께서 현몽하시며 '너 혼자 하는 것 아니다. 내가 도와줄게' 하셨다고 한다.

큰스님이 가시면서 후사를 안배해 놓으신 밑그림이 속속 나타나고 있다. 큰스님의 원력이 처처에 미치고 있다는 확신이 든다. 희원 주지스님을 중심으로 지덕을 갖추신 스님들과 모든 분들이 한마음이 되어 미타사를 불법의 숲으로 가꾸고 있다. 머지않아

이 도량은 사람 인人자로 출발한 법연들이 모여 부처님 향기를 가
득 채울 것이다.

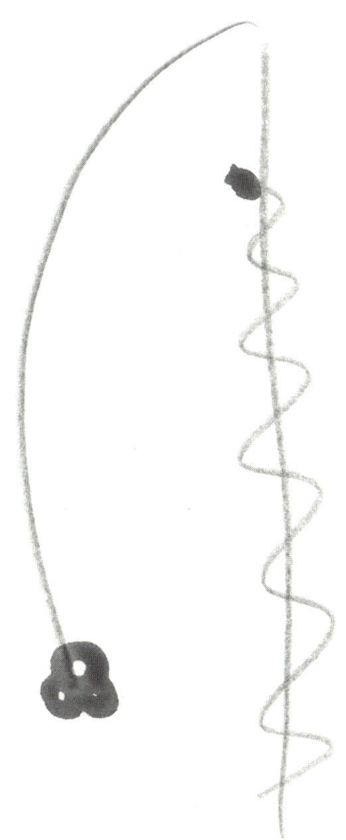

백천만겁 난조우

나는 '백천만겁 난조우百千萬劫難遭遇'란 글귀를 아끼고 사랑한
다. 왜냐하면 부처님 말씀에 모든 중생이 연기법으로 이루어지고
인연 없이는 무엇이든지 이루어질 수가 없다고 하셨기 때문이다.
그래서 '백천만겁 난조우'라는 의미는 나 같은 사람을 두고 말씀
하신 것 같다는 생각이 든다. 받기 어려운 사람 몸을 받았고, 백천
만겁을 나고 죽어도 만나기 어렵다는 정법을 만났으며, 그중에서
도 행운이라면 나는 은사스님을 잘 만났다.

　우리 스님은 일찍이 발심하여 출가하셨다. 부처님의 확고한 사
상을 가지고 무애행을 하여 무상대도를 성취하고자 가섭산 남단
위, 원효선사께서 자리를 잡으셨다는 대성지에 발이 묶이어 건강

하지도 않으시면서 몸과 마음을 한시도 쉴 사이 없이 꾸준히 정진하고 불사하셨다. 그런 모습을 볼 때 발심이 문제지, 건강이 있다고 해서 다 할 수 있는 것은 아니라는 생각이 든다. 내가 아무리 고달파도 하루도 거르지 않고 기도할 수 있었던 것은 우리 스님 모습에서 배운 것이 아닌가 싶다.

미타사는 전설이나 설화가 아닌 부처님의 가피가 살아 숨 쉬는 현장이라고 한다. 큰스님께서는 미타사에 선원을 지어 전국의 선원들을 외호하시며, 우리나라 곳곳에 무분별하게 조상의 산소를 모시어 산 사람이 설 곳이 없게 될 것을 염려하셨다. 그래서 부처님께서 권장하신 화장하는 장례문화를 온 나라에 깊이 뿌리 내리기 위한 원력을 세워 대 지장보살님을 모셨다. 그래도 부족하여 한 중생이라도 건지겠다는 염원으로 신도 1인 1불을 모신 큰 원력을 세우셨다.

보통 납골당은 부도나 탑으로 하지만 우리 스님은 각자 원불願佛을 모셔서 대복전이 되게 하였다. 그 밑 기단에는 조상 5대를 봉안하여 영원히 지장보살님 법당에서 머물게 하셨다. 또한 잔치를 베풀어 고혼이 배부르고 마음을 비우는 법문을 듣게 했다. 이는 고혼이 성불하여 생사에서 초탈케 하는 원력이셨다. 바로 이곳이 동양 최대의 지장보살님을 조성해 모신 곳이다.

나는 지장대불 복장에 『금강경』과 『반야심경』을 사경해 넣었다. 이 또한 복이 아닌가. 나는 영원히 불법인연으로 살아갈 것이며, 지장보살님의 원력과 같이 끝없는 원력으로 살아가리라. 불법을 모르는 인생을 살았다면 얼마나 허탈하고 주관 없는 뜨내기 인생의 연속이었을까.

스님께서는 늘 "선천지이무기시先天地而無其始하고 후천지이무기종後天地而無其終이니라"고 말씀하셨다. '천지보다 앞이라 해도 그 시작이 없으며, 천지보다 뒤라 해도 그 마침이 없다' 는 말이다. 그러면 우리 삶은 영원히 끝이 없는 것인데, 어딜 가 살아도 육도사생을 다람쥐 쳇바퀴 돌듯 하며 살아야만 하는 생명이라면 얼마나 끔찍한가! 부처님 법을 모르고야 어찌 자신을 구제할 수 있을까. 그러고 보면 나는 참 행운이라고 하지 않을 수가 없다.

동양 최대 지장보살 입상 조성과 일만 불의 지장보살님을 모시겠다는 주지스님의 원력에 힘입어 우리 온 가족이 옥 부처님과 금부처님을 모셨다. 이 또한 백천만겁 난조우가 아닐까 한다. 큰스님께서는 누구나 쉽게 찾을 수 있는 편안한 절을 만들겠다는 원력을 실천하시고 떠나셨다. 우리 다 같이 성불하는 그날까지 위로는 깨달음을 구하고 아래로는 일체중생에게 회향되기를 빌어본다.

마지막 주신 법문

옷깃만 스쳐도 인연이라 했습니다. 사람과 사람사이의 만남에는 좋은 관계가 유지되기도 하지만 악연으로 매듭짓는 경우도 있습니다. 그래서 인연을 맺는 것이 중요한 것이 아니라 좋은 관계로 회향하기가 더 어렵습니다.

좋은 만남이 되기 위해서는 서로가 신뢰, 사랑, 존경하는 마음이 있어야 합니다. 그 중에서도 가장 기본이 되는 것이 믿음입니다. 나는 명안 큰스님을 친정 부모님처럼 믿고 존경하고 좋아했습니다. 큰스님 역시 친자식 돌보듯 알뜰히도 보살펴 주셨습니다.

집안에 좋은 일이 있을 때나 나쁜 일이 있을 때, 지난밤 꿈 이야

기까지 고해 올렸습니다. 나의 삶을 의논했던 분이었고 나의 모자라는 부분까지도 다 껴안아 주셨던 큰스님이셨습니다. 먼발치에서 뵙는 모습만으로도, 멀리서 들려오는 음성만으로도, 하늘 아래서 살아 숨을 쉬며 공존하는 것만으로도 행복했습니다.

큰스님께서는 나를 만날 때마다 법문을 해 주셨고 어떻게 살아가라는 교훈도 주셨습니다. 며칠 전, 그날따라 제가 많이 약해 보이셨나 봅니다. 청정심은 처사님한테 더욱 잘해 드리고 처사님을 먼저 보내드린 후 49재까지 책임을 져야 한다고 하셨습니다. 그리고 취미 생활도 좋지만 다 접고 오직 한 가지 성불할 수 있도록 마음 닦는 공부에만 힘쓰라고 부탁하셨습니다.

그런 후 어느 날, 큰스님께서 갑자기 열반에 드셨습니다. 상상도 못했던 일이라 그 순간 세상이 모두 정지된 느낌이었습니다. 아, 죽음도 태어남도 없다면 얼마나 좋을까요? 윤회라는 것이 정말 무서웠습니다. 이 하늘 아래 큰스님 같은 분을 어디에서 또 만날 수 있을까? 적막강산에 홀로 남은 미아처럼 삶의 의미마저 잃게 되었습니다.

부처님이 열반하시기 전에 한 제자가 '부처님께서 돌아가시면 저희들은 누구를 믿고 의지하며 삽니까?' 하고 물을 때 부처님은 '내가 설 해 놓은 계율과 법문을 믿고 의지하라' 고 하셨던 말씀이 떠올랐습니다. 나 역시 큰스님께서 열반하시기 며칠 전에 앞으로 어떻게 살아가라는 명제를 주셔서 그 말씀이 빛이 되어 나를 바로 일으켜 주셨습니다.

큰스님께서는 한줄기 빛으로 무명의 어둠 속에 잠겨있는 중생들을 위하여 잠깐 동안 이 사바세계에 나투셨던 것입니다. 스님은 가셨지만 마지막 주신 법문을 항상 생각하고 실천에 옮겨서 바른 삶과 참 행복의 길을 찾도록 정진하겠습니다.

무일경수無日經修

30대 초반에 처음으로 보살계를 받았다. 보살계가 무엇인지도 모르면서 사찰에서 하는 행사니까 환희심으로 동참했다. 요즘 보살계는 사시불공 하고 두세 시간이면 끝나지만, 30년 전만 해도 2박 3일씩 지극한 예를 올리며 참배기도로 정성을 다해야 보살계를 받았다. 보살계를 주시는 큰스님께서 보살이 지켜야 할 무거운 죄인 십중대계十重大戒와 생활하면서 지을 수 있는 가벼운 죄인 사십팔경구계四十八輕垢戒를 일러주시며 부처님 법을 지키며 살아가라 설법하셨다. 그런 후 참회진언을 하면서 오른 팔에 지금까지 지은 죄를 모두 소멸하는 불침을 놓으셨다. 그때서야 보살로 다시 태어난 우리에게 큰스님께서는 법명을 지어 주셨다.

청정심이라 부르실 때 떨리는 마음으로 합장하고 큰스님 앞에 나가서 두 손으로 계첩을 받았다.

청정심淸淨心은 맑고 깨끗한 마음으로 해석이 되었다. 법명을 받은 후 이름대로 살려고 노력을 했지만 모르는 사이에 탐·진·치로 가득 찬 생활을 할 때가 많았다. 그럴 때마다 참회기도를 올렸다. 이런 삶 속에서 50대 후반에 나는 그림, 나무 조각, 글 세계에 빠져들었다. 그렇다고 기도까지 소홀하지는 않았다. 철저한 기도 속에서 바쁘고 재미있는 시간을 보냈다.

한 가지를 얻으면 한 가지를 잃는다더니, 세상에서 가장 믿고 의지하던 사람과 청정심 사이에 마구니가 끼어들면서 우리를 갈라놓고 말았다. 주위의 가까웠던 사람들까지 걷잡을 수 없는 거센 태풍이 불어 닥쳤다. 그 여파는 긴 세월을 두고 나를 힘들게 했다. 오랜 시간 동안 은사 큰스님 교훈에 따라 조용히 기도에만 매달려 살았다. 기도로 인내하며 모든 것을 이겨냈다. 부처님과 우리 큰스님 품안에서…….

그렇지만 마음의 상처는 지워지지 않아 항상 방황하고 있었다. 이런 번뇌 속에서 헤매고 있을 때 중국 오대산 성지순례를 하게 되었다. 중국 오대산은 문수보살님이 항상 머물러 계시는 근본도량으로 받들어져 왔고 지금은 각양각색의 문수보살상을 모신 사찰들이 곳곳에 있다고 한다. 나는 문수보살님이 현존하고 계시다는 오대산에 큰 기대를 걸고 문수보살님을 친견하러 갔다. 문수보살님은 특히 지혜의 부처님이라고 하기에 지혜를 받고 싶은 원이 있었던 것이다.

여행을 하게 되면 번번이 잠을 설치게 된다. 오대산 성지에 간 둘째 날, 호텔에서 저녁기도를 마치고 깜박 잠이 들었다. 꿈속에서 많은 사람들이 모여 앉아 강의를 듣고 있었다. 나도 강의를 들으려고 뛰어가서 자리를 잡고 둘러보니 사람들은 모두 붓을 들고 있었다. '나는 붓이 없는데 어떻게 하지' 하고 혼자 중얼거릴 때 강의하던 분이 손가락으로 나를 가리키면서 "무일경수無日經修!" 하고 크게 외쳤다. 그 소리에 깜짝 놀라 깼다. 시계를 보니 새벽 1시였다. 무슨 꿈일까? 메모를 해 놓고 다시 잠이 들었다. 새벽기도를 하고 메모한 것을 보니 '무일경수' 라고 적혀 있었다. 또렷한 꿈이었다.

그날따라 많은 부처님을 친견했다. 중국 가이드에게 꿈 이야기를 하며 무일경수가 무슨 뜻이냐고 물었더니, 그런 글귀는 처음 들어 본다며 매일 물로 거울을 닦듯이 마음을 닦으라는 뜻일 수도 있고 아니면 매일 경으로 닦으라는 뜻 같다고 했다.

집에 와서 사전을 찾아봐도 그런 낱말은 없었다. 주지스님께

여쭈어 보았더니 한문으로 '無日經修'는 하루도 빠짐없이 매일 경으로 닦으라는 뜻일 것이라고 말씀하셨다.

그런 후 미타사에서 금강경을 독송하는 천일기도를 시작했다. 나도 기도에 입재해서 하루에 세 번씩 금강경을 독송한다. 올해 남편이 칠순이 되어서 잔치 대신 천도재를 지내자고 했다. 법당에서 금강경 독송 중에 방광放光이라는 것을 처음으로 경험하게 되었다. 말로는 표현할 수 없는 눈부신 황금빛이 책에서 쏟아져 나온 것이다. 순간 너무 놀라 나의 눈을 의심했다. 그 빛이 내 몸 속으로 들어와 내 영혼까지 밝아진 듯한 느낌이 들며 환희심으로 가득 찼다. 이런 경험을 했으면서도 금강경이 완전히 이해되지는 않았다.

그러던 중 도반 실상화 보살이 『생활 속의 금강경』을 읽어보라고 책을 주었다. 우룡 큰스님께서 강설해 놓은 책이었다. 누가 읽어도 이해가 되도록 아주 쉽게 해설해 놓으셨다.

「장엄정토분」 제10에 "청정심! 마음이 맑으면 저절로 이 세상이 맑아져 불국토로 바뀐다. '응무소주應無所住 이생기심而生其心!' 마땅히 머무르는 바 없이 그 마음을 낼지니라. 봄바람처럼 살고 봄바람이 지나가듯이 하라는 것이다. 봄바람은 집착이 없다. 봄바람이 지나가고 나면 분명히 붉은 꽃도 피고 노란 꽃도 피

고 푸른 잎도 돋아난다. 이렇게 살고 나면 그뿐, 내가 꽃을 피워 주었다, 잎을 돋게 했다고 집착할 것이 무엇인가? 태양이 온 세상을 비출 때 높은 자리 낮은 자리, 붉은 자리 푸른 자리, 생물과 무생물을 구별하여 빛을 비추지 않는다. 마냥 빛을 뿜어 산·바다·사람·동물·풀·나무·흙 할 것 없이 모두에게 그냥 비춰 준다. 그것이 응무소주 이생기심이다. 태양이 나라는 생각 없이 내가 누구에게 비춰 준다는 생각 없이 온 누리에 빛을 주듯이, 우리도 나에게 머무르는 바 없이, 대상에 머무르는 바 없이 살아가면 저절로 청정심을 유지할 수 있게 된다"는 등의 글귀가 내 마음을 붙잡았다.

곰곰이 생각해 보니, 문수보살님께서 나투셔서 무일경수로 닦으라고 몽훈가피의 지혜를 주신 것 같다. 기도 길로 들어선 지 45년 만에 답을 얻은 것이다. 이제 어떻게 살아야 할지 알게 됐다. '청정심'이란 법명 하나에 삶의 해답이 들어있음을 이제야 알았다. 그동안 나의 기도는 가족만을 위한 기도였지만 부처님은 그때마다 은혜를 주셨다. 하지만 내 마음의 평화는 얻지 못했다.

이제 문수보살님께서 주신 무일경수로 나는 나와 일체 대상에 집착과 욕망과 기대를 내려놓아야겠다. 그리고 모든 풀과 나무의 꽃을 피워 주고 잎을 돋게 해 주는 해님처럼, 봄바람처럼 살리라.

자타불이

가족이란 끊을 수 없는 운명적인 관계이다. 그래서 이해관계를 넘어서 대가 없는 사랑으로 동고동락하는 공동체다. 부모가 자식을 낳아 길러 공부시키고 결혼 후에도 잘되기만을 기도하고 자식만 행복하면 따라서 행복해지는 것이 부모 마음인 것을 그들이 부모가 되어서야 알게 된다.

지금은 시대가 변해 효 사상이 많이 바뀌었지만 그래도 우리나라는 아직까지 잘 이어져 내려오고 있다. 가족 간에는 어떤 문제로 크게 다투고 나서도 금방 후회가 되고, 어떤 불행이 닥쳤을 때에는 내가 대신 불행할지언정 가족만은 행복하기를 간절히 바라는 마음이 가족 아닌가.

그러나 남이란 좋은 인연도 많지만 그렇지 않을 때도 있다. 좋을 때는 가족보다 더 좋고 떨어져서는 못살 것같이 다정했던 사이라도 어떤 이해관계에 놓여있을 때나 오해가 생겼을 때는 한 치의 양보도 용서도 없는 사이가 되어 버린다. 가까운 사람이 불행해졌을 때는 같이 걱정은 해 줄 수 있지만, 그들에게 좋은 일이 있을 때 사심 없이 몇 명이나 같이 기뻐할 수 있을까? 모르는 사람이 고생 끝에 성공한 것은 박수를 쳐 줄 수 있어도 옆 사람이 잘되는 것은 온갖 비난과 비방으로 헐뜯고 깎아내리는 게 세상인심이다. 우리나라가 크게 발전하지 못하는 이유는 바로 이런 사람들 때문이 아닐까.

부처님께서는 쇠의 녹이 쇠 내부에서 삭아 끝내는 쇠를 완전히 먹어버리는 것을 관찰하시고, 중생의 업도 이와 같음을 말씀하셨다.

다생겁래多生劫來로 내 형제 부모 안 거친 인연이 어디 있을까? 누구든지 내 가족으로 생각하고 사랑하며 용서한다면 다툼도 적도 없을 것이다. 베푼 이에게 조그만 오해라도 생기면 '내가 저한테 어떻게 했는데……' 라는 증오의 마음이 앞서게 된다. "내가 베푼 것은 그 자리에서 잊어버리고, 은혜 받은 것은 영원히 잊지 말라"는 말씀은 정말 명언 중의 명언이라고 생각한다.

세계적인 음악가 요한 스트라우스 부자의 일화가 떠오른다. '아름답고 푸른 도나우'를 작곡한 왈츠의 왕 요한 스트라우스는 자기와 이름이 똑같은 아버지를 가졌다. 아들 요한은 어린아이 때부터 왈츠에 친숙해져 아주 조숙한 천재적 재능을 보여 주었던 것 같다. 하루는 요한 소년이 새로운 왈츠 곡을 작곡하고 있던 아버지 옆에서 학교 숙제를 하고 있었다. 옆에서 보니까 아버지 요한이 작곡을 하다 생각이 막혀 작곡을 멈추고 상당히 난처한 표정을 짓고 있는 것을 보았다. 그것을 보고 있던 아들 요한이 "아빠, 제가 해 볼게요" 하고 아버지가 더 못 나가던 대목의 멜로디를 잘 잇고 전개시켜서 아버지에게 주었다. 아버지는 크게 기뻐하며 "숙제는 내가 해줄 터이니 그 곡은 네가 완성시켜라" 하고 숙제와 작곡을 바꿔 했다는 일화가 있다. 그러한 부자지간의 돈독한 관계로 인해 부자가 모두 세계 음악사에서 '왈츠 왕'으로 남게 되었다고 한다. 얼마나 아름다운 이야기인가!

가족 간에는 참 아름다운 이야기가 예로부터 많이 전해져 오고 있다. 옛날에는 충효사상도 건재했고 친구 간의 의리도 깊었다. 뿐만 아니라 상전의 자식을 살리기 위해 자기의 자식을 대신 바꿔치기 했던 시절도 있었다. 지금은 모두가 거꾸로 되어 가는 세

상이지만 말이다.

그래도 이러한 세상에서도 남이 잘되는 것을 좋아하는 것은 스승밖에 없는 것 같다. 나는 앞뒤가 꽉 막힌 막막한 삶에서 또 글을 쓰면서 스트라우스 부자 이야기를 실감 있게 아주 먼 기억에서 찾아냈다. 그것은 한 발도 내 디딜 수 없는 상황에서 횃불을 밝혀 주신 스승님 덕분이리라. 앞으로 나갈 수도 뒤로 물러 설 수도 없을 때 은사 스승님께 가면 지혜로운 방향으로 지도해 주셔서 어려운 고비를 이겨낸 적이 어디 한두 번인가. 친부모님 같이 감싸 주시며 바른 길로 인도해 주신 은사스님이 계셔 오늘 내가 감사하고 행복하다.

불교에서는 옷깃만 스치는 것도 오백생의 인연이 있어야 된다는 말이 있다. 또한 구천 생을 한 가족으로 지낸 인연이 있어야 이생의 가족이 되며, 만 생의 인연이 있어야 스승과 제자가 된다고 한다. 그런 것을 보면, 가족이나 스승의 인연이 얼마나 깊고 오묘한지를 새로이 깨닫게 된다. 생물체가 인간으로 환생하려면 팔천사백만 번의 윤회를 거듭해야 된다고 할 때 나의 가슴에 새겨지는 것은 인간이 되기 위한 긴 윤회길이다. 또한 인간으로 수많은 윤회를 거듭하면서 만난 타인들은 나의 부모도 되고 형제, 자식도 되었으리라. 그러니 지금 나에게 다가오는 타인들은 사실 내

부모 형제와 다름이 없다. 따라서 나에게 오는 선연은 감사히 받고, 악연은 금생의 시련과 기도를 통하여 업을 소멸시켰으면 하는 바람이다.

앞으로는 나의 행운에 시선을 끌며 박수를 받는 것 보다 젊은 사람들의 행운에 박수를 쳐주고 싶다. 누구와도 비교하지 않고 아픈 사람들의 이야기를 들어주며 남의 단점보다는 장점을 발견하고, 또한 욕심을 버리고 나에게 있는 좋은 것을 남에게 주는 연습을 해야겠다. 누구에게 보여주고 싶은 모습보다는, 내 영혼에 충실하며 떳떳한 삶이 영원한 행복이며 노후를 아름답게 승화시키는 지름길이 되리라.

인연법으로 생각해보면, 나를 거쳐 가는 티끌 하나 소중하지 않은 것이 어디 있으랴. 인연이 있을 때 최선을 다하는 것, 그리고 누군가가 나로 인해 행복해진다면 그것이 참된 보람이 아닐까. 부처님 말씀대로 나와 남이 둘이 아닌 자타불이自他不二 정신으로 지금 이 순간을 정진의 기회로 전환해야겠다. 자신과 주위 모든 이들의 행복을 위하여.

폭풍우

폭풍우는 모든 것을 파괴한다. 반듯한 질서를 무너뜨리고 사람들을 공포의 도가니로 몰아넣기도 한다. 하지만 폭풍우가 지나간 다음 하늘은 더없이 맑게 개고 공기 또한 신선하며 평화로움이 찾아온다.

몇 년 전 좋은 인연을 만나 그분의 강릉 별장에 갔다. 마을 앞으로는 맑은 개울물이 힘차게 흐르고 꼬불꼬불 인적이 드문 산길엔 곧게 뻗은 소나무가 빽빽이 들어 차 있었다. 별장 뒤에서는 계곡 물소리가 싱그럽고, 주변이 야생초로 둘러싸인 채 별장 세 채가 그림처럼 둘러서 있는 풍경에 마냥 매료되었다.

그곳에 다녀온 후에는 그 풍광이 언제나 눈에 아른거려 잊을 수가 없다. 일 년에 한 번씩이라도 다녀와야겠다고 마음속으로 약속을 했다. 그러나 그 약속도 쉽게 이뤄지지는 않았다. 작년에 는 꼭 가기로 약속을 했는데, 폭풍우로 냇물에 놓인 다리가 떠내 려갔고 산사태로 별장 한 채와 잔디밭도 없어졌다는 소식에 갈 수가 없었다.

금년 8월에야 그 별장을 찾았다. 개울은 임시로 놓은 징검다리 로 다니게 해 놓았다. 그 옆으로 높고 웅장한 다리를 튼튼하게 새 로 놓는 중이었다. 개울은 통째로 뒤집혀 일 년이 지났는데도 아 직도 흉한 모습이었고, 개울 속에 묻혀 있던 잘생긴 돌이 한켠에 수북이 쌓여 있었다.

둑을 쌓고 돌을 운반하느라고 포크레인 작업이 한창 진행 중이 었다. 잘생긴 돌은 강릉시 재산이라 외지 사람은 하나도 가져갈 수 없다고 한다. 완공이 되면 새로운 모습으로 탄생할 것이다.

별장에서 조금 올라가다 보니 그곳 역시 큰 나무들이 뿌리째 뽑혀 쌓여 있었다. 물줄기로 깊은 골을 이룬 곳에는 어린 나무와 잔디가 새로 심어져 새로운 공원을 이루어 아름다웠다. 폭풍우가 아니었다면 언제까지라도 평범한 개울로 남을 수도 있었을 것이 다. 예기치 않았던 폭풍우로 처음에는 놀라고 재산 피해도 컸겠 지만, 그곳이 다시는 피해를 입지 않기 위하여 만반의 준비와 새로운 모습으로 우리 앞에 다가오는 것을 보며 깊은 감회에 젖어 들었다.

사람의 한 삶에서도 운명 같은 폭풍우는 지나가기 마련이다. 한평생을 곡절 없이 평탄하게 지나는 사람이 과연 몇이나 될까. 폭풍우에 휩쓸려 흉한 꼴이 되어버린 자연을 보고 있자니, 우리 부부에게 닥친 삶의 폭풍우가 떠올라 씁쓸한 미소가 지어졌다. 어떤 드라마에서나 또는 옛이야기에서나 있는 강 건너 불로만 알았고 우리와는 거리가 먼 것으로만 생각했던 것이 우리에게 닥쳐올 줄을 몰랐다.

인정사정없이 강하게 몰아치는 폭풍우를 피할 길이 없었다. 이 시간에도 폭우는 계속 퍼붓지만 어느 날엔가는 반드시 그칠 날이 있을 것이다. 억울하게 찢겨지고 패인 상처 때문에 잠 못 이루고 아파한 날도 많았다. 상처를 준 자와 받은 자에 대한 업보는 인과응보의 연기법에 의해 어김없이 시행될 것이다. 한편, 그 아픈 상처로 인하여 지나온 우리의 삶을 뒤돌아보고 성찰하여 더욱 성숙될 수 있었고 노후를 멋지게 장식할 수 있다는 생각에 오히려 감사한 마음이다. 그런 폭풍우가 없었더라면 우리는 현실에 안주하여 발전 없는 한 생을 마감했을지도 모른다.

이제는 폭풍우를 만나지 않기 위하여 나 자신의 미래를 확고히 개척해 나가야겠다. 하루하루를 모든 일에 침착하게 임하고 실수 없는 인생살이 연습도 하며, 늦게나마 인생 공부를 배워 미래를 준비해야겠다.

입추가 지났으니 머지않아 떨어질 나뭇잎과 꽃잎에 사랑하는 내 가족과 이웃들의 모든 아픔을 실어 영원히 날려 보낼 것이다. 새봄에는 다시 피어날 푸른 잎과 붉은 꽃잎에 새로운 꿈과 희망을 가득히 가져다주기를 간절히 빌어 본다.

새옹지마

저녁이면 바람이 선선하다. 사람들의 마음이야 어떻든 세월은 자연 섭리에 조금도 어김없이 잘도 간다. 가깝게 지내던 사람들의 오해로 많은 날을 두고 악몽에 시달리고 있다. 한 사람에게 저지른 남편의 실수는 본인과 해결되어 이미 끝난 일이었다. 그런데 다 끝난 문제를 다시 들먹거려 온 동네와 외지에 있는 사람들에게까지 남편의 이름을 세워 놓고 회오리바람을 일으켰다. 아무리 똑똑하고 성실한 사람이라도 한번쯤의 실수는 있을 수 있는 것이고 장점만 있을 수는 없는 일 아닌가?

가장 믿었던 사람들이었다. 그랬던 그들이 자주 어울리지도 않던 이들과 한패가 되어 우리 부부를 인정사정없이 온갖 비방으로 몰아세우기 시작했다. 10대 사춘기에 접어든 사람들도 그런 짓들은 안 할 것이다. 육십갑자를 돌아 다시 출발을 한다는 이순의 나이를 훌쩍 넘긴 사람들이 있지도 않은 말까지 퍼트리다니. 도대체 어떤 마음에서 그런 일을 저지르고 있는지 궁금했고 만나 따져 보고 싶었지만, 그러다 보면 싸움은 더욱 커질 것이고 더 시끄러울 것 같아 그만두었다. 친형제같이 지내던 사람들의 얼굴이 떠오를 때마다 그들은 정말 우리와 친했던 것일까……? 꿈만 같은 현실 앞에 아무 말도 할 수가 없었다.

결국 남편은 입원을 하고 말았다. 나 또한 입맛도 잃고 불면증까지 겹쳤고 아무 것도 보이지도 않고 들리지도 않는 귀머거리 장님이 되었다. 무너져 가던 남편의 건강, 성난 호랑이보다 더 무서운 얼굴들, 남의 고통을 낙으로 삼는 사람들……, 나의 가슴은 그대로 냉동이 될 뻔했다.

어느 날 남편은 TV를 보던 중 소리 없이 눈물을 흘리고 있었다. 너무 억울하고 분하다며 무슨 죽을죄를 지었기에 말 한마디 못하고 이렇게까지 당하느냐고 했다. 또 어느 날은 생각할수록 어이없고 우스운 일이 아니냐고 허탈한 웃음을 짓기도 했다.

결혼한 지 금년 들어 만 사십 년이 되었다. 남편은 누구와 다투지도 않았고 누구를 미워하는 일도, 얼굴 붉히는 일도 없었다. 멋지고 낭만적이며, 친한 사람이 궁지에 몰렸을 때는 노력해서 해결해 주고 누구에게나 인생 상담자가 되어 인기를 독차지했다. 그래서 형제가 없어도 외롭지 않았고 아무리 좋은 곳이라도 고향을 떠나기 싫어했다.

그러던 남편이 요즘은 몸도 마음도 약해질 대로 약해져 있다. 젊음도 없고 건강하지도 못하다. 혈압이 높고 당뇨에 심장도 약해 여러 차례 병원에 입원했다. 퇴원해 이 약 저 약으로 하루하루 조금씩 회복이 되어 가고 있지만 항상 불안하여 갓난아기 돌보듯 잠시도 마음을 놓을 수 없는 입장이다.

혈압과 심장이 나빠 억울한 소리에도 맞대고 따질 수도 없어 안 한 일도 한 듯 함구할 수밖에 없다. 그들은 그것을 약점 잡아 알지도 못하는 일까지 들추어 때로는 사람을 시켜 협박까지 해 오니, 그럴 때마다 업보 탓으로 돌리고 마음공부를 하며 경전을 읽고 기도로 마음을 다스린다. 그러다가 어떤 분이 그들이 한 이야기를 들려주면, 남편은 분한 마음에 혈압이 오르고 혈당 수치가 오르고 심장이 뛰어 감당하기가 어려울 때도 있다. 꼭 무슨 일이 일어날 것만 같아 제불보살님들이 지켜 주실 테고, 정의는 이기고, 시간이 해결해 줄 것이라고 좋은 말을 총동원하여 위로로 가라 앉혀 주곤 한다. 청심환을 먹어가며 업을 소멸하는 과정이라고 여기며 참회기도로 참아 낸다.

여름이 가고 가을 겨울이 지나 해가 바뀌었는데도 저들의 비방은 그칠 줄을 모른다. 서울과 청주 지방에까지 소문이 퍼져 나가 친한 분들이 전화가 걸려 오고 집으로 찾아오는 분들도 있다.

기도와 은사스님의 교훈이 없었다면 누가 죽어도 죽었을 것 같았다. 자살과 살인이 이해가 안 가는 말들이었지만, 참지 못하고 한순간의 어리석음으로 일을 저지를 수 있겠다는 생각도 들었다. 우리를 이해하는 분들이 참아 주어 고맙다고, 어려움을 슬기롭게 잘 넘겼다고 칭찬을 아끼지 않았다. 중생들 세계는 냉정하고 각박하지만 그래도 착하고 정의로운 사람들이 있기에 세상은 멸망하지 않고 미래를 내다볼 수 있는 여유가 생기고 희망을 품어 보는 것이 아닐는지.

성현께서는 너와 내가 둘이 아니라고 하셨지만 중생 세계에서는 그 말씀이 해당이 안 되는 것 같다. 아무리 가까웠던 사이였더라도 사람 사이에서는 예기치 못한 일이 일어나는 것이다. 어떤 이해관계가 생겼을 때나 오해가 있을 때는 한 치의 양보도 없는 무서운 상대자로 변하는 것이다. 금슬 좋던 잉꼬부부도 어느 날 갑자기 이혼을 했다는 파경의 이야기며, 평생을 의좋은 친형제처럼 가까웠던 사람들이 사소한 감정으로 원수처럼 증오심이 불타고 있다는 이야기가 먼 이웃의 이야기만은 아니다. 너 나 할 것 없이 누구나 겪고 있는 현실일지도 모른다.

그렇지만 사람은 혼자는 살 수 없는 것이고 또한 사랑 없이는 살 수 없는 존재인 것 같다. 이제는 누구와도 적당한 정을 나누며 살리라 맹세했지만 옆에 있는 정의로운 분들 때문에 용기를 얻고 다시 일어서고 있는 남편을 바라본다. 핏기 없던 남편의 얼굴엔 홍안의 옛 모습이 되살아나고 있다.

'인생살이 새옹지마' 라는데, 어쩌면 이번 일로 우리 집안의 모든 액운이 씻겨 가고 튼튼한 발판이 되어 우리의 노후와 자식들에게 영원한 행운만을 가득 실어다 줄 것 같은 예감이 든다. 지나간 세월은 그 사람들로 행복했으나, 현재는 그 사람들로 인해 말로는 다할 수 없는 고통에서 헤매고 있다. 큰스님께서는 이 일로 전생 업이며 금생 업이 다 소멸되는 과정이니 걱정 말라고 하셨다. 그렇다면 결국 그들은 앞으로 우리 집안의 큰 은인은 아닐까? 오늘부터 마음속으로 그들이 잘되기를 기도드려 보아야겠다.

중도中道

차가운 바람이 볼을 스친다. 어느새 입동이다. 겨울 문턱에 들어
설 때마다 나의 마음은 다급해진다. 많은 숙제들이 널려 있다.
해 놓은 것도 없이 나이만 한 살 또 보태질 것이니 불안하고 초조
하다. 평상시 해 놓은 공부는 없는데 시험 날짜가 다가온 기분이
랄까.

하루 일과를 마치고 잠자리에 눕기 전에 나를 점검해 본다. 오
늘 아침에 잠을 깨면서부터 이 시간까지 누구에게 말실수는 안
했는지, 누구를 미워하는 마음은 없었는지, 고통이 있는 이에게
위로의 말, 희망의 말 한 마디라도 해 주었는지를…….

달력에 하루하루 ○표, △표, ×표를 해 가며 살아보기로 했다.

잘 산 날에는 동그라미표, 별로 걸림이 없는 날에는 세모 표, 잘 못산 날에는 가위표를 한다. 오늘 배운 어떤 수필가의 글 중 한 대목이 나의 마음에서 떠나지를 않는다.

"우리네 인생살이도 뛰어나지도 뒤지지도 않게 반생반숙半生半熟하듯 살고, 함께 살아가는 사람들과도 차지도 뜨겁지도 않게 불한불열不寒不熱의 알맞은 정을 나누며……."

이 사람이 바로 중도中道의 삶을 사는 사람이라 생각했다. 부처님 말씀에도 거문고 줄이 너무 팽팽해도 느슨해도 제 소리를 못 내고, 적당해야 아름다운 소리를 낼 수 있다고 했다. 넘쳐도 모자라도 안 된다는 진리의 말씀이다. 이 세상에 스승 아닌 것이 어디 있으랴. 길을 가다 돌부리에 채여도 스승으로 삼으라고 했다.

나 자신을 돌아보면 언제나 모자라는 인생임에 틀림이 없다. 그러면서도 상대방의 이중성을 보았을 때나 정의가 아닐 때는 그냥 보아 넘기지 못하는 성격 때문에 인심을 잃을 때가 있다. 세상은 대부분 적당히 중도를 지키며 사는 것이 현명하게 살아가는 방법 중 하나일지도 모른다.

사람을 너무 좋아했다. 그런데 그 좋아했던 마음은 시간이 지나면서 실망으로 변하고 좋아했던 만큼 나를 슬프게 했다. 성현께서는 너와 내가 둘이 아니라고 하셨지만, 중생의 세계에서는 너와 내가 분명하고 어떤 이익관계에서는 한 치의 양보도 없으니 인간관계에서는 한계가 있다는 것을 뒤늦게 깨달은 것이다.

못 믿을 것이 사람의 마음인 것 같다. 아무리 다정했던 사람도 어떤 경우에서는 변할 수도 있는 것이 사람의 마음이다. 물론 그렇지 않은 사람도 있겠지만. 너무 친한 데서 문제는 생기는 것이고, 어느 한 사람에게만 잘해 주면 옆에 있는 사람이 섭섭함을 느끼게 되므로 자연히 적이 생기게 되는 것이다. 적당히 할 때와 적극적으로 할 때를 구분해야 할 경우도 있지만, 대개의 경우 적당해야 조화를 이룬다는 것을 요즘에 와서야 알게 된다.

사람들과의 관계에서는 친하다고 해서 매일 만나 붙어 다니며 먹고 놀고 미주알고주알 서로의 이야기를 주고받는 것보다는, 멀리서 바라보며 내가 믿을 만한 좋은 사람이 있다는 것만으로 행복해 하는 마음이면 될 것 같다.

가끔씩 만나 회포를 풀 수 있는 사람, 마음이 추울 때 따끈한 차한 잔 마실 수 있는 사람, 그에게 내가 꼭 필요할 때 필요한 사람이 되어주고 나의 부끄러움을 다 내보여도 괜찮을 사람이면 어떨까. 나의 비밀은 무슨 일이 있어도 지켜 줄 수 있는 사람, 어떤 실수를 해도 용서해 주고 어떤 단점도 다 포용해 줄 수 있는 한두 사람으로 깊은 정을 나눌 수 있으면 된다.

나는 많은 사람을 알지 못한다. 인연 있는 이들에게 진실한 사랑과 정을 주며 그들로 인해 행복을 느끼며 살지언정 내가 좋아하는 이에게 나로 인해 조금이라도 괴로움을 주고 싶진 않다. 다만 좋은 도반으로 서로 스승이 되어 공부하고 싶을 뿐이다.

항상 지혜롭지 못해 구설이 떠날 새 없이 살지만 내 이익을 위해 아첨을 하거나 이중성을 써 본 적은 없다. 시기하는 마음, 미워하는 마음을 버리고 경쟁하지 않는 마음으로 중도를 지키며 묵묵히 기도하며 살아가리라.

시어머님께서는 늘 열 사람 사귀려 하지 말고 한 사람의 적을 두지 말라고 하셨다. 그때는 몰랐으나 지금에 와서 마음에 닿는다. 이제 나는 누구에게도 지나치게 감정적인 사랑은 주지 않을 것이며 내가 택한 길에 후회하지 않고 최선을 다할 것이다. 맑고 밝고 정직하며 성실히 나의 삶을 가꾸며 진리에 다가가 정진 또 정진하리라.

청명한 가을 뜰에서 나의 꿈을 마음의 엽서에 적어 하늘로 띄워 보낸다. 오늘 하루는 동그라미표다.

기도하는 청정심에게

저녁기도를 마치고 책상 앞에 앉았다. 뜰에는 그믐 달빛이 가득하고 풍경소리 그윽한 삼경, 홀로 깨어 오래간만에 나를 불러 본다.

청정심! 낯가림이 심하고 차가운 모습에 건망증과 순수함을 겸비했으니 모르는 사람들은 거만하게 보았을 거야. 한편으로 살펴보면 바보스러움에 가깝지 않을까 해. 그런 네가 어른들 틈에서 보살핌만 받다가 초등학교 입학하면서부터 친구들이 생겨 언제나 친구 하나씩은 옆에 달고 살았지. 중고등학교를 졸업하고 대학교 재학 중 낭군님 따라 먼 곳으로 시집을 와서 우물 안 개구리로 시집살이하느라고 울 밖을 모르고 살았지 않아.

그러다가 시어머님 뜻을 좇아 절에 갔다가 스님을 만났고, 부처님을 알게 되면서부터 신심이 돈독해져 기도의 길로 들어섰던 거야. 그리고 외롭던 너는 한 지인을 만나 젊은 시절을 얼마나 활기차게 살았니? 그 세월이 40년을 훌쩍 넘어 버렸어.

청정심은 전생에 복을 조금은 지어 놓은 것 같아. 어려서는 자손 귀한 부잣집 맏딸로 태어나 부모님들 사랑에 부족한 것이 없었지. 동네 아이들과 학교 친구들에게 선망의 대상으로 자랐고, 커서는 좋은 신랑 만나 시집을 왔어. 덕분에 스스로는 행복한지 몰랐어도 남들이 부러운 눈으로 보아주었고 지금까지 그 자리를 지키고 있으니 말이야. 게다가 훌륭하신 은사스님 가르침을 따라 오직 곧은길로 기도에만 전념했으니 큰 행운이었어.

또 50대 후반에는 문학평론가들이 수필 세계에서 첫 번째로 인정해 주는 선생님을 만나 좋은 문학지로 등단도 했고 출판기념회도 화려하게 했어. 마음에 담아 두었던 것들을 하나하나 글로 풀어내니 마음속에 아팠던 응어리들이 별로 없는 것 같더라. 문학이 좋아 무작정 들어섰으나 글 쓰는 일이 사람의 마음을 정화시켜 준다는 것을 차츰 느끼고 있어. 또 앞으로는 더 좋은 작품을 쓰고 싶다는 소망을 품고 있지 않니? 그 모두가 너에게는 축복이지. 젊은 문학인들의 사랑 속에서 주고받는 편지가 얼마나 아름다운 삶인지 너는 알고 있어. 넌 행복한 여자라는 것을…….

그런데 청정심은 사람 관리를 잘 못하는 것 같아. 그래서 생각
지도 않은 구설수에 빠지기 일쑤이니, 그게 안타깝고 마음이 아
파. 어떤 사람과 인연이 있어 가까워지면 앞뒤 가리지 않고 미치
도록 좋아하는 것, 아까운 것 없이 마음까지 몽땅 내주는 것…….
제발 앞으로는 어느 누구라도 적당히 좋아하라고 부탁하고 싶어.
또 한 가지는 먹은 마음 없이 하는 말로 실수를 하는 거야. 무심한
한 마디 말로 오해의 불씨를 심어 놓는 것. 이 때문에 스님으로부
터 솔직한 것은 좋지만 감출 만한 것은 감추고 살아야 한다고 주
의를 받은 적도 있었지. 될 수 있는 한 꼭 할 말만 하고 상대에게
말을 할 때는 세 번 정도는 생각한 후 말하길 바래.

어수룩한 청정심은 누구든지 친해지면 너무 믿어버리는 것도
삼가야 해. 똑똑한 상대방은 절대 네 마음 같지 않다는 것을 알아
야 해. 남이라는 것은 좋은 때는 가족보다도 더 가까울 수도 있지
만 언제 적이 될지 몰라. 어느 날 좋아했던 사람들이 너를 세상에
서 제일 못된 사람으로 몰아세우고 비방하며 등을 돌렸잖아. 그
럴 때마다 울고, 마음은 상처투성이로 잠 못 이룬 밤이 얼마나 많
았니. 고스란히 당하고선 한 마디 따지지도 못하고 말이야. 여기
서 윤회와 인과因果를 믿지 않으면 이해하지 못할 문제가 생기는

거야. 중생의 소견으로서는 알고도 모를 일이지. 전생의 인연법 일거라고 짐작할 수밖에. 그래도 다행히 은사님께서 다독거려 주셨고, 진실한 기도가 있었기에 제불보살님들의 보살핌으로 오늘의 청정심은 꿋꿋하고 당당하게 네 자리에 서 있지 않니.

청정심은 기도를 통해 많이 성숙되었어. 누구보다도 자존심이 강하고 아닌 것은 어떤 일이 있어도 밝혀야 하는 성질인데, 기도로 이겨낸 거야. 칭찬해 주고 싶다면, 청정심은 친한 분들에 대해 나쁜 마음을 가진 적이 없었고 무조건 좋아하고 하늘만큼 추켜올려 준 것이 전부였고 누구에게나 이 나이 되도록 먼저 시비해 본 적이 없었어. 그리고 너에게 상처 준 사람들에 대해서도 너의 잘못으로 생각하고 스스로 반성하며, 그들이 잘되기를 기도하며 사랑하고자 노력한다는 점은 칭찬해 주고 싶어.

금생에 받은 것은 전생에 지은 것이니 달게 다 받기로 했다고 했지? 그래, 그냥 잘 넘겨 버렸어. 앞으로도 또 어떤 시련이 오더라도 부처님만 믿고 기쁘게 받아들이길 바래. 부처님 말씀에 자비한 마음으로 경전을 독송하고 기도를 하는 데도 주위 사람들로부터 시비가 있는 것은 전생의 과보를 소멸하는 과정이라고 했어. 때로는 오히려 그분들께 감사의 기도를 드리는 것도 알아.

이제 네 나이 60대 후반. 가끔 가다가 기도 중에 알 수 없는 설움이 물밀듯이 찾아오면 그땐 펑펑 우는 거야. 실컷 눈물을 흘리고 나면 속이 시원하고 평화스러워지고 어떤 희망이 불끈 솟으며 기쁨으로 꽉 차는 것을 느꼈지.

네 설움이 어디에서 오는 것일까 생각해 보았어. 늙음이 서러워서 흘리는 눈물이 아니야. 장차 찾아 올 죽음이 두려워서 흘리는 눈물도 결코 아니야. 아마 그건 철없을 적 친정어머니께 잘못한 것에 대한 회한, 젊은 시절 어린 자식들에게 엄마가 필요할 때 엄마 노릇 제대로 못해준 일에 대한 후회, 친했던 사람들이 진정한 마음을 몰라주는 것에 대한 야속함 등이 한데 어우러져 문득 올라오는 설움일거야.

시간은 잠시도 멈추지 않고 우리 또한 1초도 머물러 있을 수 없어. 가만히 생각하면 무상 속의 삶, 그 안에서 바른 길을 선택해서 잘 살아야 해. 우리 인생은 잠깐이야. 서로 좋아만 하며 좋은 일만 해도 모자라는 시간에 누구를 미워하고 마음에 상처를 준다는 것이 얼마나 어리석은 일이냐 말이야.

청정심은 기도 속에서 잘 살려고 노력을 하지만 자신도 모르는 사이 누구에게인가 본인이 받은 만큼의 상처를 주었는지도 모르는 거야. 그러니까 늘 참회기도를 해야 해. 비방을 하든 중상모략을 하든 귀 밖으로 흘려보내는 거야. 그들은 너를 용서하지 않더라도 너는 그들을 모두 용서하는 거야. 그리고 그들을 위하여 기도만 드리는 거야.

다음 생에 큰 희망과 꿈을 갖고 있는 청정심이 그런 작은 것에 마음 둘 것 없어. 네가 늘 독송하는 연지대사님의 「극락왕생발원문」이야.

…… 부처님 뒤를 따라 극락정토 나아가서 칠보로 된 연못 속에 상품상생 하온 뒤에, 불보살 뵈옵거든 미묘한 법문 듣고 무상법인 깨치오며 제불을 섬기옵고 수기를 친히 받아, 삼신 사지와 오안 육통과 백천 다라니와 온갖 공덕이 원만히 이루어지이다. 그런 후 극락세계를 떠나지 아니하고 무량중생 제도하기 위해 사바세계에 다시 돌아와서 한량없는 분신으로 시방 국토 다니면서 여러 가지 신통력과 여러 가지 방편으로 무량중생 제도하여 탐·진·치 삼독 여의옵고 깨끗한 참마음으로 극락세계에 함께 가서 물러나지 않는 자리에 오르게 하려 하옵니다. 세계가 끝이 없고, 중생이 끝이 없고, 번뇌업장 또한 끝이 없사오니 이내 서원도 끝이 없나이다…….

오늘도 호궤합장하고 오체투지로 극락왕생을 발원하고 나니 새벽이 문을 열고 섰어. 진흙 속에 연꽃 피어나듯 어떤 시련도 기도로 극복하면 지금 앉은 네 자리가 극락이 될 거야. 번뇌 망상 털어 버린 맑은 마음 하나.

청정심, 사랑한다. 사랑한다.

오리 이야기

미타사에서 기도를 마치고 남편에게 데리러 오라고 전화를 했다. 기다리기 지루해서 천천히 걸어 내려가다 찻집인 선다원까지 오게 되었다. 돌층계에 앉아 있으니 호수에서 놀던 오리들이 하나 둘 나와 내 앞으로 모여 들었다.

평소 개, 고양이, 닭 등을 지나칠 때 "보리심(부처님 마음) 내라"고 했고 시간의 여유가 있을 때에는 짧은 경을 들려준다. 차가 오지 않아 반야심경, 광명진언, 신묘장구대다라니를 오리들에게 독송해 주었다. 오리들은 누가 시키기라도 한 듯 일제히 엎드려 눈을 지그시 감고 조용히 독송하는 경을 들었다. 청둥오리 한 마리와 흰 오리 한 마리가 나무 아래로 왔다 갔다 하는 것 외에 일곱 마리는 꼼짝도 하지 않고 경청하는 모습에 놀랐다.

처음에는 우연이라 생각했는데 30분 이상을 조용히 듣고 있었다. 마침 남편이 와서 "보리심 내라" 하고 차에 올라타자, 오리 아홉 마리가 일제히 일어나 꽥꽥 소리를 내며 다시 줄지어 호수로 가는 것이었다. 겉모습만 다를 뿐이지 사람과 무엇이 다를까? 오히려 참을성 없는 사람보다도 낫다는 생각이 들었다.

며칠 뒤 선다원에서 차를 마시며 오리 이야기를 했다. 지장전을 관리해 주시는 처사님이 그 모습을 보았다며 "염불해 주신 분이 보살님이셨군요" 한다. 그 처사님도 신기해서 지켜보았다고 했다. 그 말끝에 총무스님께서 웃으시며 재미있는 오리 이야기를 하셨다.

미타사 호수에는 흰 오리 여덟 마리에 청둥오리 한 마리가 있었는데 청둥오리가 대장이 되어 평화롭게 살았다. 어느 날 야생 청둥오리 한 마리가 날아왔다. 옛말에 굴러온 돌이 박힌 돌을 뺀다더니, 날아 온 청둥오리가 대장 노릇을 하려 들었다. 그때부터 화목했던 오리 세계에 분열과 싸움이 시작되었다. 다섯 마리는 대장 편이었고 세 마리는 새로 온 청둥오리 편으로 갈라져 하루도 조용할 날이 없었다. 한 패는 호수에서 한 패는 육지에서 서로의 영역을 차지했다. 육지에 있는 오리들은 호수에 갈 수 없고 호수에 있는 오리들은 육지에 와서 밥을 먹을 수 없게 되었다. 그리고 물에 있는 힘센 수컷오리가 육지에 있는 암컷오리를 물어뜯고 괴롭히고 육지에 있는 수컷오리는 반대편을 같은 방법으로 괴롭히더니 끝내는 암컷오리들이 시달리다 죽고 말았다고 한다.

그러던 중 스님이 선다원으로 내려오는 길에 돌 틈바구니에 낳아 놓은 오리 알 일곱 개를 발견했다. 일곱 개의 알에서 부화된 오리들을 지장전으로 데려다 키우는데, 저들끼리 놀다가 높은 데서 떨어져 죽고 병들어 죽고 한 마리만 남게 되었다. 스님은 혼자 있는 것이 안쓰러워 호수에 놓으며 다른 오리들과 잘 지내기를 바랐다. 그러나 오리들은 그 어린 오리를 사정없이 쪼고 괴롭혔다. 스님은 다시 지장전으로 옮겨와 키웠다. 오리가 다 자란 뒤에 스님은 또 텃새를 하면 어쩌나 걱정하며 호수의 오리들과 합류시켰다.

그토록 괴롭히던 오리들이 언제 그랬느냐는 듯 다정하게 지냈다고 한다. 오리가 미물이라고는 하나 좋아하고 싫어하는 감정이 있고 본능적인 욕구의 표현 역시 고등한 인간과 같다. 한번은 스님이 행사로 바빠서 오리들의 모이를 챙겨주지 못했다고 한다. 신도들이 절로 올라가는데 난데없이 오리들이 길을 가로 막았다. 무슨 할 말이 많은 듯 서로 꽥꽥거리며 시위를 벌이는 모습은 생

계를 보장하라고 외쳐대며 데모하는 근로자들의 모습과 다를 바가 없었다고 한다. 사람이 사는 세계나 미물들의 세계는 상통하는 듯하다. 그러고 보면 형태와 관습과 살아가는 내용은 달라도 우주의 모든 질서는 하나이고, 우리는 그 웅대한 우주 속의 일원일 수밖에 없다는 생각이 든다.

부처님께서 말씀하신 '괴로움에 대한 성스러운 진리(苦聖諦)'는 생로병사가 괴로움이며, 미운 사람과의 만남도 괴로움이고, 사랑하는 사람과 헤어짐 또한 괴로움이며, 구하여도 얻지 못함도 괴로움이며, 우리 인간의 몸과 정신을 구성하고 있는 이 몸 역시 괴로움이라고 하셨다.

수려한 가섭산 줄기에 지장보살님이 상주하시는 극락정토에 많은 영혼이 잠들어 있다. 그 앞의 맑은 호수에는 오리들이 아픈 과거를 잊고 자유롭고 정답게 떠다니고 있는 풍경이 그림 같다. 내게도 소망이 있다면, 떠나간 사람들이 다시 돌아와서 옛날처럼 좋은 도반으로 함께하는 것이다.

저물어 가는 12월의 끝에 서서 새해에는 우리 모두 다툼 없고 평화로운 한해가 되기를 소망해 본다.

명수 엄마

매일 집에서 '자비도량참법' 기도를 하지만 사찰에서 하는 기도도 빠지지 않기 위하여 보름날이면 미타사에 간다. 부처님께 삼배를 하고 우연히 영단 쪽에 시선이 멈추었을 때 깜짝 놀랐다.

지난 초봄, 주지스님께서 법문을 하시고 나서 슬픈 소식을 하나 전하겠다고 하셨다. 명수 엄마가 간이 나빠 병원에 입원을 했는데, 다 같이 이 보살을 위하여 기도를 해 주자고 하셨다. 친정식구가 다 간질환으로 떠난 사람들이라 어려울 것 같다고도 하시며.

작년에 명수 엄마의 친정 오빠 49재 때 합창단 멤버였던 나는 찬불가를 불러 준 적이 있다. 그런데 이번에는 명수 엄마가 간암이라니! 걱정은 되었으나 신심이 돈독한 사람이니 괜찮을 것이라고 스스로 위로하고 명수 엄마를 위한 기도는 하지 않았다. 항상 하는 기도지만 위급한 일이 있을 때 식구에 대한 기도나 아주 친한 이웃, 친척, 친구의 기도는 열심히 하지만 보통 사이는 간절한 기도가 되지 않는다. 간절한 기도가 아닌 형식적인 기도는 하기 싫기 때문에, 누구를 위하여 기도를 해 준다는 것이 쉬운 일은 아니다.

어쩌다가 명수 엄마의 소식을 들을 때마다 걱정은 되었지만 바쁜 일상에 잊고 지냈는데, 지난 달 보름에 법당에서 그녀를 만났다. 그날 조상님들의 천도재를 지낸다는 명수 엄마의 모습은 많이 야위었고 얼굴은 병색이 완연했다. 그의 손을 잡고 실망하지 말고 관세음보살님을 놓치지 말고 잠속에서도 연호連呼하며 매달리라고 했다. 명수 엄마의 대답은 "그런데요, 부처님은 저를 버리실 것 같아요." 말끝에 쓸쓸한 미소를 지었다.

그런데 한 달 만에 들어선 법당 영단에 한복 차림의 사진이 올려져 있고 그 옆에 명수 엄마의 위패가 있질 않은가! 마음이 무겁게 가라앉았다. 자비도량참법을 읽으려 했으나 목소리가 나오지 않았다. 나의 무관심이 부끄러웠다. 이제는 후회를 해도 소용이 없다. 내가 그를 위해 기도를 했다고 회생될 리는 없겠지만 그래도 아쉬움이 남아 마음을 아프게 했다.

그때였다. 법당 축대 위에 가냘픈 대궁에 피워 올린 백일홍 몇 송이가 바람에 흔들리고 있었다. 백일홍은 꽃을 피운지 100일 만에 진다고 해서 백일홍이라 부른다고 한다. 얼마 안 있으면 져 버릴 백일홍이나 얼마 안 있으면 죽어갈 우리 인간이나 다를 것이 무엇인가. 인생이란 길어야 백년에 지나지 않고 어떤 부귀영화도 죽음 앞에는 불가항력이다. 자신도 모르게 태어났다가 때가 되면 어디로 가는 지도 모르게 사라져 간다. 가장 사랑하는 사람도 도울 수 없는 죽음, 그 길은 오직 혼자서 감당해야 할 짐이 아닌가.

형언할 수 없는 번뇌들이 밀려오고 있을 때 영가를 위한 『원각경』 독송이 들려왔다. 그때야 정신을 가다듬고 나도 같이 따라 독송을 했다. 부처님께서 중생들을 위하여 "고요한 방에 잠자코 앉아 이런 생각을 하라. 지금 내 몸뚱이는 사대가 화합하여 된 것이다"로 시작된 말씀은 이 몸은 결국은 지수화풍地水火風으로 돌아간다는 내용이다. "사실은 환幻으로 된 것과 같고 네 가지 인연이 거짓으로 모여 망령되이 육근(眼·鼻·耳·舌·身·意)이 있게 된 것이니라."

나는 영단에 모셔진 명수 엄마의 사진을 바라보았다. 그는 아주 편안한 모습으로 미소 짓고 있다. 그와 나는 평소 친한 사이는

아니었다. 절에 행사가 있을 때나 초하루 보름에 또 합창단에서
잠깐씩 만나 미소로 인사 정도 나누었던 사람이다. 우리는 인사
정도 나누며 스쳐도 모르는 사이에 정이 드는가 보다. 그러고 보
면 하루하루 만나는 인연들이 얼마나 소중하며, 그 인연들에게
최선을 다해야 한다는 명제가 분명해진다.

그의 남편과 막내아들이 묵묵히 영단 앞에 앉아 사진을 바라보
고 있는 모습이 애처롭다. 삶과 죽음은 낮과 밤으로 이어지는 것
과 같은 것, 결코 먼 길만은 아니다. 그럼에도 우리는 영원히 죽지
않을 것처럼 발버둥 치며 산다.

곱디고운 베옷 입고 꽃신 신고 가는 님아
이승의 짐 훌훌 벗고 고이 가소 정든 님아
사바고해 괴롬일랑 한강 물에 띄우고
지난날 맺힌 한 바람결에 흩날리고
지장보살 영접 받아 서방정토 왕생하여
아미타불 친히 뵙고 부디 성불 하고지고
부디 성불 하고지고

합창 단원들이 지휘자 선생님의 지휘에 따라 영가의 극락왕생

을 위하여 무상게無常偈를 불렀다. 누구나 어김없이 가야만 하는 길, 먼저 가고 나중 갈 뿐인데. 죽을 것을 알면서도 남의 일인양 잊어버리고 영원할 것 같은 착각에 빠져 산다. 영단 위에 앉은 영가는 극락왕생의 길을 향하여 편안한 모습으로 미소 짓고 있다.

바람 한줄기 백일홍을 흔들고 지나간다.

미타사에서 만난 노 보살님

누가 나에게 '죽음'과 '늙음' 중 어느 것을 택하겠느냐고 묻는다면 추한 모습으로 늙어 소외당하며 사느니 차라리 죽는 것이 낫겠다는 답을 할 것 같다. 창작교실에서 칠십대 초반인데도 열정적으로 글을 써 오는 분이 있다. 그분은 나이는 숫자에 불과하다는 말씀을 하신다. 그 마음은 수긍을 하지만 나이를 먹어 가면 자연히 몸은 따라 주지 않고 왜소한 모습으로 변해 가며 젊은 세대들에게 밀려나게 되는 현실을 어떻게 부정할 수 있을까?

모든 문명이 발달해 젊음도 수명도 많이 연장되었다. 영양제 등 각종 보조제를 불로초인양 먹고 바르고 있으며, 또 주름 제거를 하고 늘어진 눈꺼풀 수술도 한다. 그것은 어떻게 해서라도 늙음을 늦추고 젊음을 지탱해 보려는 안간힘일 것이다.

60대 후반에 들어선 나는 많은 생각을 하게 된다. 늙는다는 것을 고통스럽고 슬프게만 받아 들여야만 하는 것일까? 거울 속의 내 모습을 볼 때마다 나도 별수 없이 늙어 가는구나 생각을 하며 한때는 무척이나 두려워했었다. 늙을수록 품위 있고 외롭지도 않으며 재미있게 사는 방법은 없을까? 주변에 나이 드신 분들을 보면 대부분 기름기 없는 얼굴에 허리는 굽고 다리가 아파 제대로 걷지도 못하고 힘겹게 사는 모습을 본다.

음력 초하루면 미타사에서 가끔 만나는 노 보살님은 연세가 90대이지만 얼굴이 맑고 고우시다. 부처님 용안을 뵙는 것 같은 느낌이었다. 옆에 가서 "보살님은 부처님 모습이세요" 하면 아주 쑥스러운 미소로 합장하고 "고맙습니다" 하신다. 그분을 뵈올 때마다 참 곱게 연세가 드셨구나. 저렇게만 나이가 들어간다면 정말 좋겠다며 속으로 부러워했다.

한동안 미타사에 안 오셔서 궁금해서 물었더니 몸이 불편하고 노 처사님께서 돌아가셔서 어느덧 사십구재라고 한다. 지난 4월 4일 사십구재에 참석을 했다. 법당에는 노 보살님께서 하얀 상복을 입고 휠체어에 앉아 계셨다. 부처님께 참배를 드리고 영가 전에 절을 한 후 보살님께 다가가 손을 잡았다. 반가워하며 "와 주

서서 고맙습니다” 하신다. 딸 같은 사람한테 존대를 쓰며 몇 번씩 인사를 하신다. 하얀 머리를 곱게 빗고 깨끗하고 조용하며 몸에 배인 교양미와 단정하게 여민 상복, 맑고 환한 얼굴에 엷은 미소로 노 처사님 마지막 가시는 길에 정성을 다하는 보살님의 모습은 아름다웠다. 마치 대례청에서 신랑이 나올 때를 기다리는 새색시 모습 같았다. 노부부의 회향은 축복이었다.

보살님은 부잣집 무남독녀로 귀하게 자라 사대부 집안에 시집와서 훌륭한 복덕으로 사셨다. 또한 불교신자로서 신심이 돈독해서 지금도 매일 금강경을 일곱 번씩 독송한다고 한다. 막내딸은 현재 음악대학 교수로, 미타사에 올 때는 그 딸이 모시고 오는데 따님 역시 어머님의 가르침을 받아서인지 조용하고 예의바른 중년이다.

어느 작가 수필집에 “참을 사는 사람들은 잠시도 허튼 생활에서 자기를 소모하지 않는다. 한 편의 명문은 십 년의 교양에서 오고, 그날그날의 생활, 그 순간 그 순간의 자세란 참으로 중요한 것이다. 이렇게 모이고 모인 지혜의 축적 없이 아름다움(美)은 탄생하지 않는다”고 했다. 한 생을 욕심 없이 베풀며 작은 일에도 감사하며 모든 것에 얼마나 절제하며 사셨을까. 바로 이런 보살님 같은 분을 두고 하는 말이 아닐까 싶다.

그 후로도 계속 보살님이 머리에서 떠나지 않았다. 그 연세에 겸손하고 자신을 낮추시는 분을 일찍이 본 적이 없다. 곱게 물든 단풍을 보는 듯 그렇게 아름다운 모습은 처음 만났다. 연세 구십 넘은 보살님 모습에 나는 완전히 반해버리고 만 것이다.

자존심 강한 사람은 늙고 흉한 모습을 누구에게도 보이기 싫어 문 밖 출입도 자제하며 산다고 한다. 그런 사람의 노후는 얼마나 답답하고 비참할까. 반면에 늙으면 늙는 대로 순리를 받아들이며 마음을 다스리고 좋은 일로 덕을 쌓아 가는 사람들도 많다.

나는 조용한 성격도 아니고 참을성도 없는 여인이다. 또한 남편한테도 고분고분하지도 않았고 여자로서 애교도 없다. 하지만 이제부터라도 마음 밭을 잘 가꾸어 덕과 혜를 쌓아 보살님같이 곱게 나이를 먹어 가야 하겠다는 희망을 품어 본다. 이제는 나이 듦이 두렵지 않다. 노후를 아름답게 꾸며 나가는 이상적인 스승을 만났기 때문이다. 우리 부부도 노 보살님 같은 아름다운 회향을 기원하며 노후를 멋진 모습으로 꾸려나가 나이 들어가는 많은 사람들에게 용기와 희망을 주고 싶다. 노 보살님의 염화미소는 하루아침에 이루어진 것이 아니라는 사실을 마음에 새기며 해맑게 핀 수련 한 송이 가슴에 심는다.

2. 세상은 고마움으로 가득

나의 문학관

가사에 전념하는 주부들에게는 자신만의 세계를 갖기가 어렵다. 자녀들이 어린 경우에는 육아와 교육에 매달리므로 자신의 취미를 살린다든가 사회활동을 하기에는 많은 문제점들이 생긴다. 그러나 50대쯤에 이르면 그러한 의무에서도 어느 정도 벗어나서 여유의 시간이 찾아오기도 한다. 가정은 안정되어 있고 자녀들은 입시지옥에서 해방되어 자기 길을 가고, 남편은 사회적으로 자신의 위치를 확고히 하는 시기가 된다. 모처럼 찾아오는 주부들의 한가로움은 문득문득 자신의 위치를 돌아보고 주어진 현실에 감사하면서도 한편으로는 나는 누구이며 또한 무엇인가라는 의문과 맞닥뜨리게 된다. 심한 경우에는 변하는 외모에 허무감을 느끼고 자신감을 상실하여 갱년기 장애에 부딪치기도 한다.

　나의 경우도 그런 과정을 거쳤다. 다만 부처님의 가르침을 따라 40여 년이 흐른 세월 속에서 믿음으로 기도에 더욱 정진할 수 있었고, 어떻게 하면 노후를 더욱 알차고 보람 있게 맞이할 것인가에 눈을 뜨기 시작했다. 기도는 정신적인 도량이다. 부처님께 오체투지로 올리는 절 공양도 필요하고, 현실적으로 발로 뛰며 공동선을 이루는 생활적 신앙도 필요함을 느꼈다. 그리하여 평소에 마음속에 자리했던 글쓰기의 염원을 펴 보기로 하고 마음공부 삼아 수필을 쓰고 있다.

　수필은 다른 문학과 달리 친근감이 있고 누구나 이해할 수 있는 글이며 쓸 수도 있는 글이다. 자기의 체험에 생각과 느낌을 담아 진솔하게 쓰면 된다고 한다. 그 동안 많이 쓰지 못했지만, 열심히 공부하고 쓰면서 몇 가지 깨달은 지혜가 있다면 바로 자신의 삶을 뒤돌아볼 수 있는 일이다.

　수필을 성찰의 문학이라고 하는 이유가 거기에 있는 것 같다. 하루하루의 삶을 뉘우치고 새롭게 결심하며 자신의 허물을 한 가지씩 고쳐가게 한다. 그것은 수필이 갖고 있는 진실성 때문일 것이다. 꾸미지 말고 있는 그대로를 내보이는 일이 쑥스럽기도 하지만, 그렇게 쓸 때 마음의 평화를 맛보기도 한다. 일상생활에서

건성건성 지나치던 일들에 의미를 부여하고 자세히 관찰하는 습관이 생기게 되었다. 무엇보다도 조용한 시간에 자신과 마주하는 일과 끊임없이 책을 읽고 새로운 지식을 접하고 싶은 것도 전에는 없었던 일이다.

나에게 문학은 종교와 특별한 관계를 가진다. 문학적인 어떤 성공이 아니라 문학을 통하여 부처님의 길에 더 성숙한 모습으로 다가가기 위한 여정으로서의 의미와 역할을 가지는 것이다.

요즘 나는 충실한 삶을 살기 위한 방법의 하나로 가급적이면 사람을 만나지 않고 집에서 조용히 기도와 참선의 생활을 하려고 노력하고 있다. 새벽 3시에 일어나 참선공부하고 목욕재계하고 기도에 들어간다.

근래에는 동학사 학장으로 계시던 스님께서 당분간 미타사에 머무르시며 「발심수행장」과 『능엄경』 강의를 해 주신다. 재미있으면서도 깨닫는 것이 많다. 그 동안 살아오면서 모르고 무심히 지나친 삶들을 반성한다. 스님께서는 한 송이 가을 꽃 속에 무한한 행복의 가능성을 발견하시고, 행복이란 특별한 사건 속에서 얻어지는 것이 아니며 진리를 가까이하고 평화로운 숨결이 있을 때라면 언제라도 거기 행복은 머물러 있다고 하신다. 가장 행복한 삶 속에 살면서 그 행복을 모르고 먼 곳에서 행복을 찾으려고 했던 자신이 얼마나 부끄러웠는지 모른다. 그 강의는 곧 나를 깨우쳐 주려는 부처님의 자비하신 가피가 아니었을까.

나의 가족들과 스님들에게서, 또한 주위 모든 이들로부터 귀로 들을 수 있는 수많은 소리들 가운데 가장 수승한 것은 진리의 소리를 듣는 것이었다. 강의를 들으면서 그 동안 내 마음속에 끼어들었던 잡다한 오염의 소리들을 다 내몰 수 있었다. 아니 내몰 수 있었다기보다 어떤 소리도 다 수용하여 내 안으로 포용할 수 있는 수행의 길이 나에게 열린 것이다.

늘 기도로 살고 부처님 말씀대로 살려고 노력했지만 세차게 불어 닥치는 태풍에 가끔씩 흔들렸다. 모두가 나의 수행 부족으로 생긴 일이었음을 알게 되었다. 스님의 강의는 내 인생의 고비에서 환한 등불이었다. 듣고 생각하고 닦는 것이 쉽지는 않지만, 인간으로 가장 이상적인 것은 마음가짐이고 객관적인 주입식 공부라기보다 자기 스스로 하는 것이라는 것도 알게 되었다. 그래서 도인들은 바람소리, 물소리, 새소리를 듣고도 깨친 사실이 있다 했고, 깨친 자의 귀로는 어떤 소리를 들어도 모두가 법문이라고 했다.

스님의 강의를 들으면서 앞으로는 어떤 돌풍의 소리도 수용할 수 있는 마음가짐과 그 동안 상처 났던 마음이 잔잔한 호수

같이 평화로워지면서 맑아져 옴을 느낄 수 있었다. 바라건대 높고 넓고 파란 하늘같이 살리라 다짐하며 진리의 말씀에 마음을 모은다.

뒤늦게 만난 글의 세계이지만 나이를 먹어도 하고 싶은 일을 할 수 있다는 것에, 물처럼 흘러가는 삶의 편린들을 사진에 박아 두듯 글로 표현해 활자로 남길 수 있다는 것에 기대를 걸며 열심히 써 보고 싶다.

문학은 또 하나의 수행 길이다. 문학과 자연이 만나고 문학과 예술이 만나서 아름다운 꽃을 피우기도 하나, 나의 경우는 문학과 불교가 만나서 사람의 지고至高한 가치를 발견하고 향기로운 세상을 만들어가는 데 뜻을 두고 싶다. 그리하여 글로써 부처님의 진리를 알기 쉽게 만인에게 전하고 자비를 나누며 거룩한 삶을 지향하는 구도의 길을 갈 수 있기를 기원한다.

버리고 비우기

외출에서 돌아와 현관문을 여니 곰팡내가 진동을 한다. 장마철에 집을 많이 비워두고 문을 꼭꼭 닫아 둔 탓이리라. 올해는 이른 봄부터 여름내 비가 와서 이부자리도 햇볕 한번 쬐어 보지 못했다.

현관문과 창문들을 열어 놓고 대청소를 했다. 장롱에 옷 정리도 하고 다락방과 찬장 속에 깊이 갇혀 있던 옛 그릇들도 정리를 했다. 다락방은 철이 바뀔 때마다 닦고 정리를 하지만 살림살이가 많아 한 듯 만 듯 언제나 한 모양새다. 버리자니 아깝고 그래서 첩첩이 쌓아둔 것이 짐만 되고 쓸모없는 것들이 되어 정돈할 적마다 들었다 놓았다 혼란스럽고 힘에 겹기만 하다.

80년대까지만 해도 어른 손님이나 아이들 친구들이 몰려와 며칠씩 묵어 이부자리며 베개도 수없이 많았다. 요즘은 교통편이 좋아서인지 자는 손님이 별로 없다.

시어머님께서는 생전에 쓰시던 침구며 그릇을 버리지 않았다. 내가 시집와서 장만한 것은 쓰다 싫증나면 친한 이에게 주기도 하고 시원치 않은 것은 버리기도 했다. 그러나 시어머님께서 쓰시던 물건은 왠지 선뜻 버리지를 못했다. 시어머님 살림살이에 내 살림살이가 합해져서 방과 다락 창고에 가득하다. 그중에 놋그릇 종류와 옹기, 백자항아리는 고물古物로 귀한 대우를 받으며 집 분위기를 더욱 고전미가 흐르게 해 주는 역할을 한다. 독특한 몫을 하는 그것들을 버리지 않는 것이 다행이지 싶다. 버리기에는 아깝고 소유하기에는 짐이 되는 것은 이미 내 것이 아니란 말을 들은 적이 있다.

오늘은 큰마음을 먹고 버릴 것은 버려야 하겠기에 오래된 침구와 쓰지 않는 그릇이며 그 외 물건들은 종류별로 쓰레기봉투에 넣어 밖에 내다 놓았다. 그러고 나니 화단에 눈이 갔다. 잡풀도 뽑아내고 주목도 가지치기를 해 주었더니 산뜻해졌다.

나이 탓일까. 신경 쓰는 것이나 복잡한 것들은 점점 싫어진다. 꼭 필요한 것만 남기고 청소를 하고 나니 집안 분위기가 한결 시원스럽고 쾌적한 모습으로 새롭게 다가왔다. 남편이 저녁나절 집에 들어와서 "집안 분위기가 달라졌어. 마누라가 청소했나? 마누라 손길이 간 것은 대번 표시가 나는데. 좋았어!" 하고 아낌없이 칭찬을 해 주었다.

이순耳順을 바라보는 지금, 마음의 밭에서 자라난 잡초들도 뽑아내 정리를 할 시간이라는 생각이 든다. 나는 어려서 혼자 자라온 환경 탓인지 항상 사람의 정을 그리워했다. 형제 많은 사람들을 부러워했고 친구가 없으면 못 살만큼 친구를 좋아했다. 그러다가 결혼하여 낯선 곳에서 살면서 너무나 외롭고 쓸쓸한 시집살이는 우울증에 걸리게 했다.

그러던 중 친목계에서 귀한 분을 만났다. 그분은 착하고 인정 많고 마음도 바다같이 넓었다. 날이 갈수록 신의와 존경으로 대했고 서로의 집안에 문제가 생겼을 때는 무릎이 아프도록 절하면서 백일기도를 올려 소원을 성취하였다. 자칫하면 회색지대에 유폐될 뻔했던 젊은 시절을 그분 때문에 나는 활기를 찾고 행복했다. 30대 초반에 만나 60대 초반까지 우리는 지극한 사랑을 주고받았다.

그런데 어느 날, 뜻하지 않은 오해로 30년 쌓아온 우정이 허물어졌다. 생각 없이 한 말과 행동이 문제가 되었다. 또 옆에 있던 사람들에 의해 와전된 말들이 더 큰 오해가 되어 옛날로 돌아갈 수 없게 만들었다. 늦었지만 모든 잘못은 나에게 있음을 반성하고 참회의 기도로 새 삶을 열어간다.

아무리 오랜 세월 동안 정들고 손때 묻은 물건이라도 마음만 먹으면 쉽게 버리고 잊히는데, 왜 사람은 이렇게 가슴에 남아 잊히지 않는 것일까. 많은 시간이 흘렀는데도 나는 그분을 아직도 그리워한다. 만날 수는 없다 해도 그분의 노후가 건강하고 행복하기를 바란다. 이것이 내 우정이 드리는 마지막 염원임을 그분은 아실까? 버리고 비우기가 마음대로 되지 않는다는 것을 또 한 번 느낀 쓸쓸한 하루였다.

10년과 십년

십 년이면 강산이 변한다고 했다. 시간은 물 흐르듯이 쉼 없이 흘러가기에 거기에 따라 세상은 모두가 변해가고 있다. 나 자신도 어제의 내가 아닌데 누가 그 자리에 머물러 있겠는가. 십 년 전을 회상해 본다. 나의 일생에서 가장 변화가 많았던 세월이다. 오십 대 후반 글 선생님을 만나 글을 쓰기 시작했고 그 외 여러 선생님들의 가르침으로 자수며 조각, 그림도 그리며 참 행복한 날을 보냈다.

반면 슬픈 일도 많았다. 불쌍하신 친정엄마가 돌아가셨고 세상에서 제일 믿고 좋아하던 분과의 헤어짐, 어린 시절 잘 보살펴주시던 세 아저씨의 죽음, 그런 일들로 나는 더욱 기도에 젖어 살았는지도 모른다.

아침에 눈을 뜨면서 하루를 설계하며 기도에 입재하고, 저녁 잠자리에 들기 전에 오늘 한 일을 반성해 보고 무사함에 감사의 기도를 드린다. 내일에는 또 다른 희망을 걸고. 그렇게 달이 가고 새해가 오면 좀 더 좋은 일이 있을 거라는 기대를 걸어 본다.

사람은 누구나 자기가 선 자리에서는 모른다. 달리는 기차에서 내려야 기차가 보이고 산에서 내려와야 산 전체를 볼 수 있듯이 행복도 사랑도 젊음도 그곳에 있을 적에는 그것들의 소중함을 모른다. 그것들이 사라진 뒤에야 그 모든 것들을 그리워하고 아쉬워하지만, 한번 간 것들은 다시 오지 않는다. 왜 그곳에 있을 때는 그것의 소중함을 보지 못하는지…… 그래서 인간은 항상 후회하고 살기 마련인가 보다.

지난 십 년을 거울삼아 앞으로의 십 년을 설계해 본다. 이제 다가올 십 년은 내 인생의 아름다운 회향을 위하여 우선 나 자신을 사랑하는 일, 가족을 사랑하는 일, 그동안 내가 미처 보지 못한 소외된 사람들과 내 모든 것을 나누고 싶다. 그리고 나를 믿고 따라 주는 글 동네 후배들, 여러 도반들과 함께 매인 데 없이 바람 같은 자유를 누리며 아픔 없이 살았으면 한다.

　　이런 소박한 소망은 지난 십 년의 시간이 나에게 가르쳐 준 지혜이다. 후회하지 않으련다. 밝고 찬란한 미래의 시간들을 위하여.

마음 수리

집을 지은 지 6년이 되던 해 내가 시집을 왔다. 시집을 온 지 44년
이 되었으니 우리 집 나이는 50이 되는 셈이다. 스무 칸이 넘는 한
옥으로 특히 대청마루 천장에는 원목의 대들보가 우람했고 2층
마루와 오실, 중간마루 뒷마루로 둘러싸인 집이 아늑하였다. 새
댁 때는 여기저기 쓸고 닦으며 한옥의 고풍스런 분위기에 취해
살았다. 그러나 가족이 늘자 한옥 특유의 좁은 공간이 불편해 자
주 집수리를 하다 보니 구석구석 손 안 댄 데가 없다.

　자주 집안 수리를 하고 살다 보니 세월이 흘렀어도 늘 새집에
사는 듯한 느낌이다. 더 욕심을 내자면 뜰 한 모서리에 작은 연못
을 파서 수련을 띄웠으면 하는 마음이 들었다. 기도를 하다가 밖

을 나섰을 때 청초하게 피워 올린 수련 한 송이를 대하는 것 또한 무량설법이란 생각이 들어서이다.

우리는 살아가면서 집이나 가재도구, 옷 같은 것은 마음에 들지 않거나 고장이 나면 금방 불편해하고 고쳐 쓰게 된다. 그런데 마음속에 잘못된 부분들은 깨닫지 못하고 그대로 방치하며 살아가는 경우가 많다. 기도 속에서 깨달은 것은 '육체는 변해도 마음은 영원하다'는 것이다. 이러한 진리를 얻기까지는 참 많은 시간이 흘렀다.

이 소중한 마음자리에 잘못된 부분을 찾아내어 하루하루 수리를 해 가며 탐·진·치를 버리자고 다짐한다. 항상 정진하는 마음으로 매일 마음의 수리를 하며 정돈하다 보면 언젠가는 내 마음도 명경지수明鏡止水같이 되지 않을까.

성현 말씀에 "백년 쌓은 보배 탑은 끝내 무너져 티끌이 되거니와, 한 생각 깨끗한 마음 닦는 것은 끝내 부처를 이룬다"고 했다. 내 마음은 항상 수리 중이고 정돈 중이니, 수리와 정돈이 끝나는 날 성불하리라.

해도 해도 끝이 없는 마음 수리를 위해 오늘도 나는 부침이 심한 마음 밭 자리 한가운데를 서성거린다.

거짓말 같은 이야기

장마철이었다. 장마철이면 집안에 곰팡이가 기승을 부린다. 가끔씩 빈방과 찬장이나 옷장, 이불장을 열어 바람을 쐬어야 한다. 이불장을 여니 곰팡내가 난다. 늦추위에 아이들이 덮던 두꺼운 이불을 방치해 두어서이다.

우리 집은 한옥이라 아파트나 보일러를 놓은 집처럼 따뜻하지 않다. 겨울에는 온돌방이라 초저녁에는 따뜻하나, 아침이 가까워질수록 방이 식어 춥기 때문에 두꺼운 솜이불을 덮었다.

장마철이었지만 솜으로 누빈 이불 두 채를 빨았다. 내다 널다 들여 널다 여러 번 애를 써서 거의 다 말라 갈 무렵이었다. 오랜만에 햇볕이 반짝 나서 이불을 널고 이웃집에 갔다가 이야기꽃을 피우느라 밖의 사정을 잊고 있었다. 별안간 '우두둑우두둑' 빗방울 떨어지는 소리가 났다. 놀라서 뛰어 나갔는데 소나기가 퍼붓기 시작하는 것이 아닌가! 며칠을 고생해서 겨우 말려 놓았는데…… 너무 약이 올랐지만 어쩔 수 없었다.

소나기가 그친 다음 집에 왔다. 친정어머니께서는 "너는 마실만 가면 한도 없이 놀다 오니? 장마철에 이불을 널어놓고 소나기가 오는데도 이제 오면 어떻게 해" 하고 걱정을 하셨다. 그리고는 별일을 다 보았다고 하시며 다음과 같은 말씀을 하셨다.

기운은 없지만 빗방울이 떨어져 애써 말린 것을 그냥 둘 수가 없어서 걷으려고 나가서 이불을 잡아당기니 당치도 않은 일이었다고 한다. 몸이 무거워 얼른 비를 피해 들어갈 수가 없어 이불을 붙잡고 서 있는데 소나기가 쏟아지기 시작했다. 추녀 끝 낙수로 마당이 패이고 도랑물이 흘러내리는데, 신기하게도 빨랫줄에만 햇볕이 비추며 비가 안 왔다고 했다. 물론 엄마도 비 한 방울 맞지 않으셨다. 가서 이불을 만져 보니 뽀송뽀송하였고 이불을 널은 아래 마당만 직선으로 뽀얗더라는 것이다.

소나기는 국지적으로 오는 경우가 많다. 들에서 풀을 뜯던 소의 등에서도 한쪽은 비에 젖고, 한쪽은 비가 오지 않아 젖지 않는 경우도 있다는 이야기를 들은 적이 있다. 그러나 빨랫줄을 사이에 두고 양쪽으로만 비가 내렸다는 말은 들은 적이 없다. 우연의 일치란 말은 이럴 때 쓰는 말일까? 아무튼 어떻게 해석해야 할지 모르겠다. 믿어지지 않는 사실이었다.

무엇이든 때가 있는 법이다. 햇볕 좋은 봄날에 빨았으면 한나절이면 말랐을 것이고 고생을 안 해도 될 일인데, 미룬 탓으로 때를 놓쳤고 고생을 한 것이다. 사람이 살아가는 데도 그때그때 때를 맞추어 잘 처리해 가면 일생을 평탄하게 살 수가 있다. 한번 때를 놓치면 평생을 고생할 수도 있다는 생각이다. 항상 정신 차리고 바르게 살며 나에게 행운이 오는 때를 놓치지 말아야 하겠다.

그때도 장마철이었다. 햇볕이 나서 장독을 죄 열어 놓은 채 저녁에 잠자리에 들었다. 나는 건망증이 심한 편이다. 가스 불에도 무엇이고 올려놓고 불을 켜 놓은 후 옆에 지켜 섰지 않는 한 여지없이 태우고 만다. 그런데 그날만은 이상한 일이었다. 잠을 자다 잠이 깨는 동시에 장독대 생각이 났다. 그때가 새벽 1시가 조금 넘었다. 밖에서는 빗방울이 떨어지고 있는 것조차 모르고 있는 상태에서 밖에 나가 보니 빗방울이 떨어졌다. 급히 장독대에 가 보았더니 모두 열려 있었다. 뚜껑을 닫고 들어와 누워 있으려니까 빗소리가 세차게 들리기 시작하더니 밝을 때까지 쏟아졌다. 항아리마다 간장, 된장, 고추장을 가득히 담고 묵은 간장, 된장도 많았다. 생각만 해도 아찔했다.

어느 날 다리미로 옷을 다리고 있었다. 별안간 다리미에서 지지직거리며 전기선에서 연기가 올라 왔다. 며칠 전에도 전기가 나간 일이 있었다. 한전 직원이 와서 두꺼비집 안의 차단기를 내리고는 고치고 갔다. 그때 처음으로 두꺼비집을 열고 차단기를 내리면 전기가 나가는 것을 알았다. 나는 급히 창문 위 옆에 있는 두꺼비집을 열고 차단기를 내렸다. 순간이었다. 그날 한전 직원이 두꺼비집을 열고 차단기 내리는 모습을 안 보았다면 화재를 면하지 못했을 것이다. 그러면 며칠 후 화재가 날 것인데 화재를 막아 주기 위해서 그날 그런 것을 보여 주신 것일까? 전기 같은 건 도무지 관심이 없는데 어떻게 그날 그것은 똑똑히 보고 그런 행동으로 화재를 막았는지…… 두고두고 나의 화두가 되었다.

세월의 변화에 따라 우리 집에도 보일러를 놓았지만, 한옥이라 겨울이면 외풍이 세고 연료비가 많이 나와 아파트로 이사를 했다. 어느덧 봄이 지나 초여름이 되었다. 살던 한옥을 너무 비워 놓은 것이 미안했다. 일요일쯤 가서 청소라도 하려고 했는데 목요일 별안간 집에 가고 싶었다. 대문에 들어서자 고무 탄 내가 진동을 했다. 집안을 둘러봐도 아무렇지도 않았다. 이웃집에서 무엇이 타는 줄만 알았다. 화단에 풀을 다 뽑고 나오려는 순간이었다. 어디서 빵 하고 터지는 소리가 났다. 바로 앞 기둥에서 연기가 팍팍 올라오며 불빛이 솟아 올랐다. 바로 앞에 있는 물을 틀어 호수로 불을 껐다.

어떻게 이런 일이 있을 수 있을까? 작년 여름 저녁에 손님이 오신다고 해서 화단에 가로등을 켰는데 불이 안 들어왔다. 스위치를 껐어야 하는데 그냥 스위치를 누른 채 일 년이 넘도록 잊고 있었던 것이 누전이 되었던 것이다. 그날 집에 갔어도 그곳에 안 있었으면 불이 났을 것이다. 시간 맞추어 제불보살님들이 불러들인 것이 분명하다.

『지장경』에 "미래세에 선남자선여인이 지장보살의 형상을 보거나 경을 듣거나 독송하며 향, 꽃, 음식, 보배 등으로 보시 공양하고 찬탄하여 우러러 예배하면 마땅히 28종의 공덕을 얻으리라"고 하셨다. 그중 "일곱 번째로 물, 불의 재앙을 여읠 것"이라고 하셨다. 『지장경』 독송을 시작한 지 7년에 들어섰다. 『지장경』을 독송한 공덕임에 틀림이 없다는 생각이다.

어느 날이었다. 저녁기도 중에 남편이 들어오면서 요새는 차도 안 준다고 하기에 작은 주전자에 찻물을 가스에 올려놓고 불을 세게 틀었다. 기다리고 있으려니 금방 안 끓어 방에 들어와 기도를 하고 그냥 잠이 들었다. 그날따라 무척 피곤했다. 귀에서 캡스 돌아가는 소리가 계속 나는데도 그냥 잠에 취했다. 오랫동안 울리는 바람에 잠에서 깨었다. 캡스가 돌아가고 전등불이 나간 것이다. 창문을 열어보니 밖에 가로등까지 나갔다. 바람이 불거나 비가 올 때면 캡스가 울리는데 그날은 바람 한 점 없는 조용한 날이었다. 캡스를 끄려면 촛불을 켜야겠기에 안방으로 들어갔다. 주방 창문이 환했다. 찻주전자를 올려놓은 가스불이 성이 난 듯 무섭게 사방으로 확확 올라오고 있었다. 주방 천장은 다락방이라 아주 낮았다. 얼른 불을 끄고 그 자리에 주저앉아 '부처님 감사합니다! 감사합니다!' 이 말밖에 할 말이 없었다. 그리고 얼마 후에 전기불이 들어왔다.

이튿날 나의 일을 도와주는 분에게 어제 저녁에 왜 불이 다 나갔느냐고 물었다. 밤에 펑펑 하는 소리가 두 번 나더니 불이 나갔다고 했다. 캡스 직원이 왔길래 물었더니 변압기가 음성과 금왕 두 군데서 터졌다고 했다. 그래서 전기불이 전체가 다 나가고 캡스가 울렸던 것이라고 했다.

이를 어떻게 해석을 해야 할까? 캡스만 안 울렸으면 그날 분명히 우리 집에 불이 났을 것이다. 우리 한 집을 위해서 변압기가 터진 것일까? 우리 한 집에 불이 나면 주위 상가며 이웃까지 대형화재가 날 뻔했다. 위급할 때마다 위기를 막아주시는 제불보살님들께 오체투지로 감사드린다.

가끔 그때그때 겪었던 수많은 신기한 일들 때문에 깊은 생각에 잠길 때가 있다. 하도 오랜 세월 동안 집에서 경전을 읽고 관세음보살님 기도를 해서 모든 신들이 지켜주는 덕분이라고 생각해 본다. 사람이 사는 세계에서나 신들의 세계에서나 정직하게 살며 기도를 하면 어떤 신도 도와줄 것이란 믿음이 있다. 이 우주는 만물이 공존하는 세계이고, 모든 사물은 다 눈이 있고 귀가 있고 의식이 있다고 생각한다. 생물이든 무생물이든 어떤 물건 하나라도 무시하고 마구 다루어서는 안 될 일이다. 왜냐하면 감각이 있고 의식이 있는 한 그들도 정의의 편이고 선의 편일 것이기 때문이다.

지난 삶을 돌아보면 위급한 때나 막막할 때 수없이 많은 사건들 안에서 부처님의 가피를 실감나게 받을 때가 많았다. 그런 믿음 때문에 나의 기도는 더욱 힘을 얻고 영험은 깊어 가는가 보다.

세상은 고마움으로 가득

남편이 새벽 운전을 좋아해 우리 부부는 아침 풍경을 감상하며 아들네로 가는 길을 즐긴다. 자주 다니는 길이지만 집을 떠날 때는 언제나 설렌다. 한때는 상상도 할 수 없는 신산한 세월을 살았다. 그래서인지 요즘 내가 누리는 마음의 평화가 어느 때보다 크다.

얼마 전 읽은 책에 '인생을 전환하기 위해서는 첫 번째, 감사해야 할 일들의 목록을 작성해 보라'는 구절이 있었다. 그렇게 하면 에너지가 바뀌어 사고방식도 바뀌기 시작하며 삶을 풍요롭게 해 준다고 한다. 위대한 과학자 아인슈타인은 날마다 앞서 길을 걸어간 위대한 과학자들에게 수백 번씩 '고맙습니다'라고 했다고 한다. 그래서 더 많이 배우고 성취할 수 있게 된 것이다. 그는 결국 세상에서 가장 위대한 과학자가 되었다.

　나 또한 가만히 생각해 보면 세상 모든 게 고마움으로 가득하다. 남편과 함께 대화하면서 편안히 가는 도로도 누군가 고달프게 건설했을 것이고 자동차라는 문명의 이기를 만들어 주었기에 우리가 누리며 생활하고 있다. 지금처럼 내 발이 되어 주는 남편이 있어 고맙고, 이웃과 친척, 친구가 있어서 좋고, 나를 바른 길로 인도해 주는 스승님이 계셔서 은혜로움이 크다. 세월을 막을 수 없어 며느리가 내 자리에서 일을 대신 해 주니 이 또한 얼마나 고마운지 모른다. 아들의 영원한 파트너이고 대를 이어 준 며느리가 요즘 와서 고맙게 느껴져 사돈들께 감사한 마음이 든다.

　그 가운데서도 더욱 고마운 것은 내가 가장 좋아 했던 언니와 어떤 오해로 인해 사이가 멀어져 서로가 소원했던 일이다. 그런데 얼마 전, 오랜 마음의 숙제를 우리는 풀었다. 그 일은 내 생활에 활력이 되고 희망이 되어 주었다. 사랑하는 사람을 잃었다가 찾은 기분이 이러할까?

　아파트에서 내려다 본 세상은 평화롭다. 앞산의 푸르름은 내 눈을 즐겁게 해 주고 아침에 울어대는 까치소리도 오늘은 좋은 일이 있을 것 같은 예감에 상쾌해진다. 내게 하루를 힘차게 열 수 있게 해 준 자연에 무한히 감사한다.

오늘도 새벽 일찍 쓰레기를 치우는 청소부가 보인다. 누구나 지저분하다고 피하는 일인데, 그 일을 해 주는 분들로 인해 깨끗해진 거리를 보면서 또한 감사함을 느낀다. 어디 이뿐이겠는가? 헤아릴 수 없이 많은 분야에 연구원과 기술자들의 수고로 우리는 편안한 삶을 누리고 있다. 또한 의사도 간호사도 고맙고 미용사, 전기 기술자, 페인트 아저씨도 수선 집 아줌마도, 행사 때마다 부처님께 올리는 꽃을 대 주는 꽃집 아저씨…… 어느 누구 하나 고맙지 않은 이가 없다. 결국 우리가 산다는 것은 서로가 긴밀하게 연결되어 돌아가는 톱니바퀴라고 해도 좋을 것 같다. 그러기에 돌 하나 풀 하나도 의미 없는 것이 없으며, 보잘 것 없는 들꽃도 더불어 피어 있으면 아름답다. 우리네 사는 세상과 별반 다르지 않은 듯하다.

우리는 사바세계에 살면서 극락세계에 태어나 영원히 행복하기를 발원한다. 극락이라는 곳에는 온갖 괴로움이 없고 즐거움만 받기에 극락이라고 한다. 극락세계에는 이별도 없고 병도 없고 항상 좋은 음악이 울리며 땅이 금으로 이루어졌으며 밤낮으로 만다라 꽃이 비로 내린단다. 그 중생들은 맑은 아침이면 꽃바구니에 온갖 꽃을 담아서 다른 시방세계의 부처님들께 공양 올리고 식사 때는 곧 본국에 돌아와서 밥을 먹고 수행을 즐긴다 했다.

나는 요즘 우리가 사는 사바세계도 극락세계에 가까워져 가고
있는 것 같다는 생각이 든다. 사바세계는 온통 고통 바다라고도
하지만 각자 마음 쓰임에 따라 고통과 즐거움이 왔다 갔다 하는
것은 아닌지. 나도 종교가 있어 내 삶을 정화시키고 바른 마음으
로 살아가려고 노력하며 다음 생에 더 나은 사람으로 태어나길
발원한다. 이렇게 마음의 평안을 얻으니 부처님께 늘 감사하는
마음으로 하루를 시작한다.

이제 칠순을 바라보는 나이가 되었다. 젊은 시절 마음고생, 몸
고생을 많이 하고 살아 '감사하다' 는 단어와는 거리가 멀었다.
그런데 나이를 먹으면서 성숙해진 탓일까? 모든 면에서 긍정적
으로 생활하는 것도 나이 듦이 주는 여유로움인 것 같다. 이렇게
편안하고 행복을 느끼니 세상만물이 나를 위하여 만들어진 것 같
다는 착각을 하며 감사하지 않는 일이 없다. 감사함을 느끼니 마
법처럼 하루하루가 즐겁다. 오늘 하루 일과도 주위 사람들 무사
함에 감사기도를 올리고, 이메일로 가까운 도반에게 편지를 보내
면서 '네가 있어 내가 행복해' 하며 하루를 마감한다. 그러고 보
면 이 세상은 모두 고마움으로 가득 찬 곳이다.

연꽃 부부

진천군 덕산면 옥동리에 연꽃이 피는 마을이 있다. 연꽃이 만개했을 때쯤 한번 꼭 가고 싶었다. 그곳에는 창작교실에 나오는 한 회원이 많은 돼지를 키우고 논일, 밭일을 하며 틈틈이 글을 쓰고 있다. 그의 작품에서는 숱한 고생을 하는 가운데에서도 행복을 찾는 메아리가 들려온다.

햇볕이 쨍쨍한 여름날, 창작교실 회원들을 초대했다. 그가 사는 마당에 들어서니 고향 마을에서 맡아 보던 시골 냄새가 짙게 풍긴다. 넓은 뜰 안에는 돼지 축사가 빼곡이 들어앉아 있다. 한 바퀴 돌아보았다. 살이 통통 찐 하얀 돼지들이 칸칸이 즐비하게 누워 있다. 오물을 뒤집어쓰고 자고 있는 돼지도 있고, 서서 우리를 바라보는 돼지도 있었다. 아무리 축생이라지만 무슨 생각을 하며 살아갈까.

나는 돼지들에게 부처님마음, 곧 보리심을 내라(발보리심)고 했다. 알아들었는지 앞으로 몰려오고 있었다. 알아들은 것일까? 다시는 그런 몸 받지 말고 해탈해서 부처님마음 내어 공부해서 성불하라는 뜻으로 축생들을 볼 적마다 빌어 준다. 그들은 병들어 죽지 않는 한 죽임을 당할 것이고, 그들의 몸은 사람들의 입으로 들어갈 것이다. 사람들은 꼭 축생들의 살을 먹어야만 하는지, 비참한 생각이 들었다

양옥으로 지은 거실로 들어가는 입구에는 방울토마토가 햇빛에 반짝거리고 네모진 작은 잔디밭 가운데 파라솔 의자가 평화스럽게 놓여 있었다. 뜨거운 햇볕을 피해 얼른 거실로 들어갔는데, 소쿠리에 손으로 만든 투박한 찐빵이 나의 눈을 현혹시켰다. 40여 년이 넘어서 본, 친정에서 먹던 그리운 빵이다.

언제 보아도 싫증 안 나는 것들은 옛것들이다. 어린 시절 자라면서 눈에 익고 정이 든 것들, 세련되지 않았지만 내 부모의 모습들이 좋고, 한옥과 옛날 그릇들이며 농기구들, 음식들, 심지어 풀꽃들까지 시골 풍경들은 내 마음의 고향이다. 타지에 가더라도 옛것들이 있는 곳은 낯설지 않아 나의 고향 같고 친정 부모님 품

속 같은 따뜻함을 느낀다. 그들 곁에 오랫동안 머무르고 싶고 끝내는 눈시울이 뜨거워 오고 가슴이 저려 오는 정을 느끼게 한다. 아무리 먹어도 물리지 않는 빵을 오래간만에 맛보았다.

그가 연꽃이 핀 호수로 우리를 인도했다. 싱싱하고 녹색이 짙은 연잎이 가득한 호수에는 연분홍 꽃이 탐스럽게 띄엄띄엄 피었고 연밥도 공손히 고개를 숙이고 있었다. 금년에는 이상하게 꽃이 조금 피었다고 한다. 가득하게 필 때는 말할 수 없이 아름다워 사진작가들이 많이 다녀간다고 했다. 상상이 갔다. 연꽃은 더러운 연못에서 깨끗한 꽃을 피운다 하여 많은 사람들의 사랑을 받는다. 연은 진흙 속에서 났지만 진흙에 물들지 않고, 멀수록 더욱 향기롭다는 것이다. 또한 불교에서는 연꽃이 속세의 더러운 곳에서 피되, 더러움에 물들지 않는 청정함을 상징한다고 하며 극락세계를 표현하는 꽃으로 쓰고 있다. 종자를 많이 맺기에 연꽃을 다산의 징표로 여겨 부인의 의복에 연꽃의 문양을 새겨 넣어 자손을 많이 낳기를 기원하기도 한다. 실생활에서 줄기와 연밥은 약재로, 뿌리는 식품으로 사용되고 있는 귀한 연이다. 그렇게 풍성한 연을 처음 보았다. 점심시간이 되어 숲이 울창한 야산으로 가서 자리를 펴고 준비한 음식을 내놓는다. 갓 따온 오이, 실파무침이며 상추쌈, 된장찌개 역시 먹기 전부터 군침을 돌게 한다. 고향 텃밭에서 맛보던 싱그러운 별미들이다. 회원들 모두 즐거운 표정으로 맥주잔을 서로 맞부딪치며 구운 고기를 상추에 싸서 맛있게들 먹는다. 입맛이 없을 때 입맛을 돋우어 주었던 추억이 떠올라 나는 상추에 실파무침을 싸서 먹었다. 한참 맛있게 점심식사 중인데 그의 남편이 인사를 하러 왔다.

좋은 부부의 인연은 몇백 생을 지어 놓은 인연이 있어야 한다는데 어쩌면 그렇게도 같은 분위기일까. 약간 햇볕에 그을었어도 윤기가 돌고 건강미 넘치는 부부는 마냥 행복한 모습이었다.

그의 재미있는 이야기가 귓전에서 맴돈다. 한 마을에 사는 처녀 총각이 연애하여 막상 결혼 날짜를 잡아 놓고 남편 될 사람의 얼굴을 자세히 살펴보니 고생할 상이고, 손금을 보았더니 재물 금이 빠져 있었다. 물리고 싶도록 후회가 들었다고 했다. 하지만 그녀는 마음을 돌려 '당신은 재복이 없어도 내 손안에 재물이 있고 모든 복이 다 있으니 걱정 없다'고 했다는 것이다. 그리고 그들은 결혼한 후 다 잊어버리고 열심히 살았다. 10년이 넘은 어느 날 남편의 손금을 보니 재물 금이 생겼다고 한다.

우리는 살아가면서 자신이 가꾸어 가기에 따라 인상도 바뀌고, 인상이 바뀜으로 운명이 바뀌어 가는 것을 볼 수 있다. 그의 남편은 고생할 상이고 재물이 없는 손금을 타고났지만 10년 동안 성실하게 살아온 결과로 손금이 바뀌고 인상도 귀한 상으로 바뀌었으니 운명 역시 바뀐 것이다.

지금 그들은 40대 초반이다. 지난 10여 년간 축산업을 하면서 몸소 치러낸 고달픈 순간들이 오늘의 그들을 있게 했다면 앞으로 10년, 20년 후 그들의 풍요로운 모습 또한 약속된 미래가 아닐까.

그들 부부는 축산농가의 어려운 여건 속에서 구제역이라는 엄청난 역경을 이겨내고 연꽃을 피워 향기를 멀리멀리 퍼뜨리고 있다. 풍성한 눈요기며 알찬 삶과 사랑을 그들 부부에게서 마음 가득히 담아 왔다.

별난 부부

황혼이 된 우리 부부는 요즘도 각자의 생활에 열중이다. 남편은 밖의 일로 바쁘고 나는 젊은 시절부터 몸에 밴 기도 생활로 남편과는 아침식사 때만 얼굴을 볼 수 있다. 젊어서는 집안사정으로 한 지붕 아래서 각방을 썼는데 지금은 남편이 불편한 몸 때문에 생활하기 편리한 아파트에서 지내고, 나는 도보로 30분 걸리는 본집인 한옥에서 생활하고 있다. 오늘도 빨리 기도 마치고 남편 아침상을 차려야 한다.

맏아이 첫돌 무렵 아버님이 별안간 돌아가셨다. 이듬해 시누이들도 결혼으로 집을 떠났다. 어머님이 몹시 쓸쓸해하며 세 살짜리 큰손자를 데리고 안방으로 들어가시는데, 그 뒷모습에 목이

메어 우리는 어머님과 같은 방을 쓰기로 했다. 그때 남편의 나이 스물일곱, 나는 스물여섯이었다.

어머님과 한 방을 쓰기 시작한 지 10여 년이 넘어서야 따로 방을 쓰게 되었다. 꿈같은 밀월도 잠시, 어머님이 풍으로 쓰러지셨다. 그 후 돌아가실 때까지 간병을 위해 11년간 남편과 각방을 썼다. 이어 친정어머님 간병으로 5년…… 그러고 나니 우리는 50대 중반이 되었고 남편은 병을 얻었다.

우리 부부가 오순도순 살아온 시간은 별로 없었다. 그래도 나는 특별히 불만이 있거나 불행하지 않았다. 전생에 시어머님과 무슨 인연이었던지 꽃다운 청춘시절에 한방을 쓰자고 제안한 것도 나였으며, 어머님 병 수발 들며 그분 곁에서 자고 싶어 한 것도 나다. 어머님과 함께 새벽에 일어나 불경을 읽으며 기도하는 시간이 너무나 행복했었다. 그러니 언제나 뒷전이었던 남편은 늘 불만이었다. 지금 생각해 보면 부모님께 효도만 하면 되는 줄 알았지 착하고 여린 남편의 마음을 헤아려 주지 못했다는 생각이 들어 미안하다.

가끔 부부 인연에 대해 생각해 본다. 그동안 여러 가지 사정으로 남들처럼 다정하게 살지는 못했다. 열정은 아니었지만 곁에 있어 든든했고, 남편이 외도를 해도 돌아오겠거니 하며 기다렸다. 이런 나를 보며 사람들은 '시앗을 보면 돌부처도 돌아앉는다는데 참 별난 사람'이라고 했다. 그런데 나는 일 속에 파묻혀 부부애라거나 사랑이라는 감정을 느낄 마음의 여유가 없어 남편에게는 신경을 써 주지 못했고 아기자기하게 대하지도 못했다. 남편이 밖에서나마 기쁠 수 있다면 괜찮을 것 같다는 생각을 했다. 진심이었다. 그런데 지금도 나를 아는 사람들은 어쩌면 그럴 수 있느냐며 이해를 못한다. 그러면서 우리에게 '별난 부부'라고 한다. 그 말에는 많은 것이 내포되어 있다는 것을 안다.

세상에는 많은 사람들이 함께 살아가고, 또 각각의 모습으로 살아가고 있다. 어떻게 모든 부부가 한 가지 모습으로 살아가겠는가? 우리처럼 덤덤하게 동지애로만 살아가는 부부도 있을 것이고, 썩 어울리지 않는 듯하면서도 참으로 궁합이 잘 맞는 부부도 있을 것이며, 그림자처럼 붙어 떨어지지 않고 살아가는 사람들도 있을 것이다.

이즘에 와서 남편은 아내인 내가 여자로 보이지 않고 '스님'으로 보인다는 이야기를 한다. 처음 그 말을 들었을 때는 하루에 여덟 시간을 기도 방에서 보내는 아내에 대한 간접적인 불만쯤으로 여겼다. 그러나 시간이 지남에 따라 부부란 서로에게 어떤 존재인가를 다시 생각해 보게 한다. 46년의 부부생활에 우리가 탈 없이 여기까지 올 수 있었던 것은 서로에 대한 깊은 신뢰가 있기에 가능했으리라. 요즘 세대들은 이해가 가지 않을지 모르나 부부가 꼭 사랑이나 성애만으로 유지되는 것은 아니지 싶다.

그럼에도 칠순을 바라보는 나이. 이제 뒤돌아보니 나에게도 눈부시게 젊은 날이 있었다는 생각에 잠시 슬퍼진다. 오늘도 아침 상을 마주하고 앉아 그래도 이 세상에 당신이 있어서 든든하고 행복하다 했더니 알 듯 모를 듯한 미소를 보낸다. 그 미소 속에 지금까지 느끼지 못했던 남편만의 외로움이 내 가슴으로 번져오는 것은 어인 일인지…….

낭만주의자의 얼굴

남편은 낭만주의자이다. 언제나 멋스런 웃음을 지으며 즐겁게 산다. 그런데 가끔 아침이면 아무것도 아닌 일에 화를 내고 툴툴거리는 습관이 있다. 그럴 때마다 남편과 나는 자주 다투게 된다. 그런 우리를 보고 시어머님은 박 씨 가문의 내력이라며, 당신에게는 신통해 보이셨는지 웃으며 말씀하시곤 했다.

남편은 아침식사하고 나가면 하루 중 대부분은 밖에서 지내다 저녁 늦게 들어온다. 아침과는 달리 오늘은 누구를 만났다며 기분이 좋아 콧노래를 불렀다. 그리곤 거울 앞에 서서 이런저런 표정을 짓다가 거울 속에 비친 나와 눈이 마주치면 미안한 지 윙크를 멋지게 보낸다. 그럴 때마다 나는 미소로 답한다.

남편은 많은 사람들에게 선망의 대상으로 살았지만 내면의 고통도 많았다. 이복형과의 갈등, 오십대에 들어서는 고혈압, 심장 질환, 기관지천식 등을 앓고 있고, 풍이 두 번이나 와서 지금은 한쪽 다리까지 불편하다. 뿐만 아니라 외아들로 태어나 외로움이 깊다. 그러고 보면 누구에게나 완벽한 행복은 없는 것 같다는 생각이 든다.

많은 이들에게는 호남으로 통하는 남편이었지만 젊은 시절에는 도통 아내와 아이들에게는 관심이 없었다. 아이들을 한 번도 따뜻하게 보듬어 주지 않았다. 남편이 외박을 하거나, 한밤중에 어떤 여인에게서 전화가 와도 따지고 싸운 적이 없다. 시집살이라는 것이 으레 그러려니 하고 말없이 살았다. 지금 돌이켜 보면 남편에 대한 서운함과 외로움, 고된 시집생활도 부처님께 귀의하면서 큰스님의 교훈과 기도 생활로 모든 것을 채워갔던 것 같다.

요즘 들어 남편에게 젊었을 때 생각이 나면 "나 같은 바보니까 살았지, 다른 여자였으면 수없이 드나들었을 거야"라며 뒤늦은 투정을 부려 본다. 그럴 때마다 남편은 "그러니까 지금 복 받고 행복하지 않아"라고 대답한다.

오늘도 남편은 거울 앞에서 자신의 모습을 이리저리 보고 있다. 그런 남편을 보고 있노라니 젊었을 적 모습이 떠오른다. 누구라도 자신의 남편이 멋있게 보이겠지만, 내 남편도 정말 멋있었다. 언제나 만면에 웃음이 가득했고 마음씨까지 유순하여 누구나 좋아했다. '인물 좋고 사람 좋다' 는 말과 함께 '만인의 연인' 이라는 호칭까지 늘 붙어 다녔다.

우리가 젊었던 시절에는 요즘같이 TV나 비디오 같은 것이 없어 영화를 즐겨보며 멋진 배우들을 선망했다. 최무룡이 한참 인기가 있을 때면 남편은 최무룡으로 불렸고, 신성일이 한참 인기가 있을 때는 어디를 가나 신성일이라고 불렸다.

특히 남편은 눈이 예뻤다. 적당한 크기에 쌍꺼풀이 잘 졌고 속눈썹이 꼭 파마해서 올린 것 같이 상큼했다. 그런 남편이 며칠 전 신문의 글씨가 흐리게 보인다며 안과에서 진찰을 받고는 백내장 수술을 했다. 수술 결과 시력은 좋아졌지만 눈 한쪽이 부기가 빠지지 않고 눈꺼풀이 내려앉았다. 할 수 없이 쌍꺼풀 수술을 했는데 무엇이 잘못 되었는지 아주 못난 눈이 되었다. 부기가 다 빠지면 어떨는지…… 그렇지만 남편은 자신의 겉모습에는 개의치 않고 오늘도 멋진 차림으로 외출을 했다.

효는 효를 낳는다고 한다. 남편이 부모에게 효도한 것을 받는 것일까? 아이들 또한 둘도 없는 효자다. 지난 해 아들은 저희 집에 아버지 방을 호텔식으로 꾸며놓고 같이 살자고 했다. 남편은

60대에 들어와서야 아내와 자식 귀한 것을 아는 모양이다. 분당 아들네가 베란다에 조그만 정원을 꾸며놓았다고 전화 온 지가 이십여 일이 지났다. 여행 다녀오고 이 만남 저 만남으로 그동안 짬을 낼 수가 없었다. 나이를 들면 어린아이가 된다더니 내일은 손자 손녀 보러 분당 아들네 갈 거라며 기다리는 남편은 꼭 초등학생 같은 모습이다.

사람이 나이가 들면 젊을 때의 모습은 변하기 마련이다. 당연한 일이지만 지금의 남편의 모습을 보고 있노라면 나는 가슴이 아파올 때가 많다. 하지만 언제나 밝은 얼굴로 웃음을 잃지 않는 남편이 더 이상 변하지 말고 지금 이대로 내 곁에 있어주기를 오늘도 나는 부처님 전에 기도한다.

얼굴은 마음을 담는 그릇이며 한 사람의 생애가 녹아든 거짓 없는 결정체일진대, 변하는 모습에 연연해하지 말고 편안하고 온화한 자신의 본래면목本來面目을 그대로 간직하기를……

은행나무 집

사람이 살아가는 방법은 천태만상이다. 수없이 많은 사람 중에 같은 얼굴이 하나도 없듯이 같은 삶 또한 없다. 쌍둥이도 한 부모 한테서 태어나지만 먼저와 나중이 있고 그들 역시 같은 길을 가지는 않는다.

이즘 들어 가끔 친정 동네에 살던 사람들이 생각날 때가 있다. 아름드리 은행나무가 있어 은행나무 집으로 불리었던 대모 댁은 우리 옆집이었다. 요즘도 나는 노랗게 물든 은행나무를 보면 대모네 생각이 난다. 지금은 은행나무를 흔히 볼 수 있지만 그 시절 고향에는 하나뿐이어서 무척 귀하게 여겼다. 가을이 되면 은행잎이 떨어져 마치 꽃으로 수놓은 안방 같아 동네 아이들이 뒹굴고 잎을 뿌려가며 시간 가는 줄 모르고 놀았다.

대모 댁에는 머리가 하얀 노老 대모와 그의 며느리인 중 대모, 이렇게 두 과부댁이 살았다. 조용하던 그 집에 열 살 남자 아이가 양아들로 들어왔다.

양아들이 열일곱 되던 해에 중 대모는 며느리를 맞아들였다. 아들은 키가 크고 인물이 출중하고 말이 없었다. 반면에 며느리는 피부색도 까맣고 인물이 별로였다. 하지만 그들은 금슬이 좋은 잉꼬 부부였다. 물려받은 산과 논밭이 있어 한 가정을 꾸려나가는 데 부족함이 없었던 어린 부부는 할머니와 어머니를 모시고 5남 2녀를 낳아 기르며 평온한 생활을 했다.

60년대까지도 고향에는 우리 부모님을 비롯하여 주위 친척들은 거의 소실들을 두었고, 시어머니가 며느리를 구박하고 툭하면 남편이 부인을 때려 마을이 종종 시끄러울 때가 있었다. 하지만 대모 댁만은 작은 부인을 얻지 않았으며 환자도 없었고 가난하지도 않는 행복한 삶을 살았던 것 같다.

며칠 전에 친정에 갔는데 그사이 노 대모와 중 대모는 돌아가시고 젊은 대모를 만났다. 지난 가을에 대부가 돌아가셨다는 이야기를 했다. 아침 잡수시고 자전거 타고 나가셨는데 밤이 되어도 돌아오지 않았다고 한다. 찾았다고 연락이 와서 가 보니 자전거를 길 위에 세워 놓고 풀숲에 편안하게 누워 돌아가셨다고 했다.

열 살 나이에 낯선 집에 들어와 열일곱에 결혼하여 일곱 남매 낳고 아들로서, 남편으로서, 아버지로서 농사일 하며 건강하게 살다 가신 대부의 이야기로 꽃을 피웠다. 대부는 일생을 편안하게 순리대로 살다 가셨다고 한다. 넉넉한 전답이 있었으니 재산을 일구려는 욕심을 내지도 않았고, 성격이 온순하여 누구와 다툼으로 얼굴 붉힐 일도 없었다. 또 누구를 도와주지도 않았지만 신세를 지지도 않았다. 곁눈 한번 팔지 않고 가정에 충실했으며 7남매를 남겨 가문을 이어주고 가셨다는 것이다. 또한 말년에 기독교에 입문하여 늘 기도하는 마음으로 사셨다고 하니, 은행잎처럼 곱게 사시다가 가셨다는 생각이 든다.

그의 큰아들은 옛집을 헐어내고 양옥을 짓고 근처에 과일나무를 심어 잘 가꾸어 놓았다. 어머니 방에는 양복장과 화장대 옥돌 침대에 커튼이며 어느 것 하나 부족함 없는 화려한 방에 놀라지 않을 수가 없었다.

대모 부부는 전생에 어떤 복을 지었을까. 인간으로 태어났으면 누구에게나 삶의 고뇌는 있게 마련인데 참 편안하고 욕심 없이 살다간 그가 부러웠다. 대모 또한 70대 중반인 지금 여유가 있고 자비가 넘치는 당당한 모습에, 정말 잘사셨다고 생각했다.

흐르는 물처럼 살다 가신 대부와 노후에 더 아름다운 대모의 모습을 보며 10년, 20년 후 우리 부부의 모습을 그려 보았다. 언제나 궁금한 것이 우리 노후의 모습이다. 이제는 먼 후일의 일도 아니기에 묘한 기분이 든다. 남은 삶, 한 순간 한 순간을 잘 관리하며 우리도 그분들처럼 누가 먼저 가도 슬퍼하지 않고 죽음도 행복이라고 할 수 있도록 마음의 준비를 해야겠다.

여행 단상

문 밖을 나서서 여행 버스에 오르는 순간부터 날개가 돋친 듯 붕붕 뜨는 기분은 젊은 시절이나 지금이나 다르지 않다. 하기는 마음자리야 언제나 늙고 젊음이 없으니 말이다. 알지 못하는 어느 먼 곳에서 좋은 만남이 기다려 줄 것 같고, 모든 원하는 것들이 풀릴 것 같은 기대감이 있다. 아니 그런 것들이 아니더라도 마냥 행복해지는 것이 여행이다.

이번 여행은 무영문학 회원들과 3년 전부터 계획하여 이루어진 해외여행으로, 5박 6일 간의 방콕과 캄보디아 문화탐사다. 누구나 그렇겠지만 여행 날이 정해지면 그날부터 행복해진다. 어떤 짜증날 일이 있거나 힘든 일이 있어도 그날 때문에 해소가 될 적이 많다. 좋은 날을 기다린다는 것은 희망이고 기쁨이다.

누가 여행은 미치는 것이라고 했다. 그 말도 틀린 말은 아닌 듯하다. 나 역시 여행을 미치도록 좋아하니까. 한정된 울안에서 반복되는 일상생활을 하다 일탈을 하여 자유분방한 세계가 주어졌으니 갇힌 새가 풀려나 푸른 하늘을 날아가듯, 나라고 다를 것이 없지 않은가.

매일 화장을 하고 이 옷 저 옷으로 갈아입고 오늘은 이곳, 내일은 저곳 또 다음 날은 새로운 곳, 하루 세끼 식사 걱정을 안 해도 때가 되면 영양이 풍부한 식사가 준비되어 있고, 저녁이면 편안한 잠자리가 대기하고 있으니 이보다 더 즐거운 일이 어디 있을까. 어떤 이는 비행기나 버스를 오래 타거나 공항에서 기다리는 시간이 길면 지루하다고 하는데, 나에게는 그것도 여행의 일부분이라 짧은 시간이라 여겨진다. 여행을 하다 보면 참 재미있는 일도 보게 되고 내가 생각하지도 못했던 것을 깨우치게 되어서 더욱 좋다.

캄보디아는 가로등이 없고, 운전면허도 필요 없는 곳이다. 교통사고가 나도 경찰이 오면 천 달러면 해결이 된다. 또 재미있는 일은 캄보디아 사람들은 오토바이를 많이 이용하는데 모자를 썼으면 영업용이고, 쓰지 않았으면 자가용이라고 한다. 자가용을 타고 다니다 돈이 떨어졌을 때는 모자만 쓰면 영업용이 되어 사람을 태워주고 돈을 받고 식사도 하고 필요한 데 쓴다고 한다.

방콕에서 동양 최대의 호수 톤레삽 수상촌을 가는 길은 황톳길이다. 반원형의 높고도 넓은 하늘 아래에 한없이 펼쳐진 평야 한가운데를 뚫고 일직선으로 뻗은 비포장도로로 일곱 시간 이상을 달려야 한다. 일행 중에는 지루한 표정으로 눈을 감거나 자는 사람도 보인다. 나는 기도시간을 버스 안에서 채워야 하기 때문에 하나도 지루함을 느끼지 않았다. 염주를 돌리며 차창 밖에 펼쳐지는 자연에 매료되어 모두가 신비하기만 하다.

도로변에는 가로수도 없고 정지整地도 전혀 안 된 자연 그대로였다. 양쪽 넓은 농경지에는 벼가 가득 심어져 있었다. 일 년에 2~3모작이라 익어 가는 벼도 있었지만 한창 푸른색으로 자라나는 벼가 대부분이었다. 그리고 도로변을 따라 바로 옆에는 물이 고여 있었다. 온통 벌건 흙탕물이다. 그곳에서는 맑은 물은 볼 수가 없다. 흙탕물에서 아이들이 머리를 적시고 목욕까지 하고 있다. 어린 시절 고향 아이들을 보는 듯하다.

도로 옆으로 드문드문 동네를 이룬 곳에는 허름한 원두막 식으로 집을 지었는데, 그것은 땅에서 나오는 열기와 해충을 피하기 위한 것이라고 했다. 집 앞마다 웅덩이가 하나씩 있었다. 그 웅덩

이에는 연과 옥잠화가 심어져 있다. 그것은 각자 집에서 흘러나오는 하수를 정화시키는 역할을 하는 웅덩이라고 했다.

나는 여행을 할 때마다 대한민국에서 태어난 것이 얼마나 행운이며 고마운 일인가 하고 생각을 한다. 자연은 아기자기하고 계절은 사계절이 뚜렷이 있고 부지런하고 알뜰한 사람들이 사는 곳, 거기 내 살붙이들이 있다. 또한 문화의 혜택을 누리며 사는 것은 얼마나 큰 축복인가.

캄보디아의 시골 마을은 우리나라의 50~60년대라고 해도 과언은 아닌 듯 했다. 가난은 나라님도 구할 수 없다지만, 왜 청소도 목욕도 안 하고 옷도 자주 빨아 입지 않는지. 우리가 볼 때는 희망과 행복이란 찾아볼 수 없고 불쌍하게만 보이지만, 그들은 그 이상의 것을 모르기 때문에 그 삶이 전부인양 만족을 느낄지도 모르겠다. 하기는 가난한 방글라데시 사람들의 행복지수가 세계 최고라니, 그럴 수도 있을 것이다.

성현 말씀에 "하늘과 땅에 존재하는 것들과 지옥 천당을 비롯한 모든 중생들이 각각의 모양이 참된 진리의 모습들이라서 서로가 서로를 방해하지도 방해받지도 않고 온 법계에 두루 존재한다"고 하셨다.

내가 존재하기 때문에 세상이 있고 삼라만상이 있다는 것, 우리가 겪고 있는 고통이나 행복은 결국 나에게서부터 시작된다. 각자 나 하나만 잘 가꾸고 바로 세워 나간다면 이 지상은 전쟁이 없는 평화로운 극락정토가 될 것이라고 믿는다.

이번 여행에서 가도 가도 끝없는 평원 가운데 우뚝 선 나무 한 그루는 우주 전체를 놓고 볼 때 바로 거기가 중심이 된다는 사실을 처음인 듯 깨닫는다. 한없이 펼쳐진 지구 한복판을 달리면서 모든 만물은 다 자기가 선 자리가 지구 한가운데 주인공으로 있다는 것을 느꼈다. 그것이 바로 자아 정체성이다. 누가 있어 그 자리의 주인을 왈가왈부 하는가.

이 여행이 끝나면 고국으로 돌아가야 한다. 아무리 여행이 좋아도 여행이 끝날 무렵이면 가족들이 기다리는 집이 그리워지는 것이 인지상정이다. 내일 모레면 내 나라 내 집으로 돌아갈 날이 또 새롭게 기다려진다.

전생에 지어놓은 인연들이 만나 금생에 잠깐 가정을 꾸리고 사는 삶도 여행이다. 구름이 서로 만났다가 흩어지듯이 이제 하루하루 본고향으로 돌아갈 여행의 시간이 가까워지고 있다. 그 여행 때도 나는 지금처럼 기쁘고 즐거운 마음으로 떠나기를 기대한다.

양은 도시락

찬장을 정리하다 보니 오래전부터 보관해 온 양은 도시락이 두 개 나왔다. 아들이 초등학교에 다닐 때였다. 아들 도시락을 싸던 어느 날, 문득 양은 도시락이 생각나서 그릇가게로 달려갔다. "양은 도시락 있어요?" 하고 물었다. "없을 걸요" 하더니 기다려 보라고 한다. 지하실에서 한참만에 나오더니 "다행히 두 개가 있었네요" 하며 양은 도시락 두 개를 건네준다. 옛 초등학교 친구와 조우한 듯 얼마나 반가웠는지. 찬장을 정리할 때마다 웬만한 것은 빼내어도 양은 도시락 두 개는 보물처럼 보관한다.

지금은 여러 가지 색깔이 예쁜 플라스틱 도시락과 보온 도시락이 나와 양은 도시락은 사라진 지 오래다. 50~60십 년대 학창시절을 거친 사람들이라면 양은 도시락에 대한 추억을 누구나 아름답게 간직하고 있을 것이다. 추운 겨울날, 손을 호호 불며 교실 문을 열면 교실 한 가운데 난로가 장작불에 벌겋게 달아올랐다. 아이들은 난로 가로 모여들어 등교하다 눈길에 넘어진 이야기며 간밤에 제사를 지내느라 숙제를 못해 걱정스런 이야기들을 나눈다. 공부가 시작되고 셋째 시간이 시작될 무렵이면 난로 위 연통에 기대어 차곡차곡 도시락들이 쌓아 올려졌다. 빨리 시간이 지나 도시락을 먹었으면 하고 기다리던 점심시간은 얼마나 즐거운 시간이었던가.

넷째 시간이 끝나자마자 각자의 도시락을 갖다 뚜껑을 열면 금방 한 밥같이 김이 모락모락 난다. 김치며 콩자반, 장아찌, 무말랭이무침 냄새가 코에 솔솔 들어온다. 도시락 한쪽 조그만 간통에 반찬도 같이 있어 김이 난다. 맨 밑에 있던 도시락은 누룽지까지 눌어 누룽지 뜯어 먹는 맛 또한 일품이었다.

어떤 아이는 도시락이 없어 밥사발에 쌓아오는 아이도 있었다. 꽁보리밥에 신 김치나 고춧가루 물조차 들지 않은 허연 총각김치가 담겨 있는 아이들은 함께 어울리지 못하고 도시락 뚜껑으로 가린 채 혼자 먹었다. 어떤 아이는 밥만 싸 오고 반찬은 이 아이

저 아이 것을 갖다 먹는 용감한 아이도 있었다. 손녀 사랑이 지극했던 할머니 덕분에 나의 도시락 반찬은 언제나 달랐다.

넷째 시간이 체육시간일 때는 내 도시락이 비어 있을 때도 있었다. 누가 먹었는지 빈 도시락이었다. 남자아이들의 짓궂은 장난으로 생각했지만 한 번도 누가 내 도시락을 먹었느냐고 물은 적은 없다. 말은 안 했지만 섭섭하고 점심시간을 그냥 보내는 것이 약 올랐다. 그래서 남자 아이들에게 눈을 흘겨주고 속으로는 한 대 쥐어박고 싶기도 했다. 배는 고프고 집에 갈 시간은 아직 멀어 혼자 슬그머니 나가서 매점으로 가 과자를 사 먹기도 했다.

도시락에 대한 추억이 이렇게 가슴을 훈훈하게 하는 것은 함께 한자리에서 밥을 먹으며 나누었던 정 때문일지도 모른다. 거기에는 선생님의 인자한 모습이 있고 그리운 친구들 얼굴이 있다.

시대가 빠르게 변하고 있다. 시대가 발전함에 따라 도시락도 같이 발전해 나가는 것이다. 내 도시락은 양은 도시락이었고, 내 아이들에게는 보온 도시락을 싸 주었는데, 손자에게는 매일 반찬이 바뀌는 학교급식이란다. 영양분을 따져 단체로 먹는 학교급식이 자라나는 어린이들에게 큰 도움이 되는 것은 사실이겠지만 나이 먹은 우리들의 생각은 또 다르다. 가난했지만 정성을 다하여 도시락을 싸던 어머니의 마음은 그대로 음식에 녹아들어 사랑이 되고 기도가 되지 않았을까. 편리와 합리에 따라 세상 모든 것이 변해 가는데, 그래도 변하지 않은 것이 있다면 자식을 생각하는 어머니 마음일 것이다.

날로 변해 가는 시대에 새벽잠을 설치며 자식들 도시락을 싸야 하는 어머니의 수고로움은 이제 찾아보기 힘들다. 김치 국물로 책과 공책이 얼룩져 냄새를 풍기던 것도, 난로 위에 쌓인 도시락을 뒤집어 주시던 선생님의 수고로움도 찾을 길이 없다. 도시락만 싸 주어도 행복해하며 다 먹은 빈 도시락 속에서 떨그렁거리는 젓가락 소리에 발 맞춰 뛰며 신나게 집으로 달려가던 철없던 어린 시절이 한없이 그리워진다. 내 아들의 손자 때는 또 어떤 도시락이 준비되어 있을까.

믿는 마음

남편은 젊은 시절에 제재소를 운영했었다. 제재업은 나무를 사러 각처로 다녀야 하기 때문에 남편은 사무실을 비우는 날이 많았다. 그래서 사무실은 주로 내가 지키며 전화로 주문도 받고 나무도 팔았다. 처음 시집와서는 몸이 약해 장시간 사무실을 지키고 있는 것이 곤욕이었다. 잠깐 동안 내가 안에서 쉬는 동안에는 다른 직원이 사무실을 지키곤 했다. 주인이 없을 때 나무를 판 수입금을 직원들은 내놓는 일이 적다. 나무는 얼마를 팔아도 표시가 안 난다. 그래서 꼭 사무실을 지켜야 했다.

한번은 남편이 친구네서 놀다가 밤늦게 집으로 돌아오는데 누가 제재소 담 안에서 각목을 담 밖으로 넘기는 것을 목격했다. 가만히 들어가서 살펴보았더니 아는 사람이었다. 남편은 모르는 척하고 '아저씨 지금 여기서 무엇을 하고 계십니까?' 하고 물었더니 미안하다는 말을 하고 달아났다고 했다. 가난한 시절이라 이해는 갔다. 지금 세상에는 그런 나무토막 같은 것을 훔쳐 가는 사람은 없을 것이다. 보석이나 돈 같으면 모를까.

나는 시집오기 전에는 누구를 의심한다는 단어조차 생각해 본 적이 없다. 하지만 그때부터 나는 사람을 의심하게 되었다. 제재소를 비우게 될 때는 늘 불안했다. 남편은 항상 밖에서 살고 사무실을 꼭 지킬 수는 없었다. 안에서 일을 하다가도 수없이 제재소를 들락거려야 했다. 어디를 가도, 잠깐 동안 피곤해 안에서 쉬는 시간에도 편안하지가 않았다.

어느 날 남편이 제재소를 그만하고 제재소 자리에 상가 건물을 짓겠다고 했다. 얼마 후 제재소 자리에 삼층 건물을 올렸다. 제재소를 접으니 세상이 다 잠든 듯 조용하고 평화로웠다. 남을 의심한다는 것이 얼마나 죄악인지, 의심할 마음이 없어졌으니 그보다 더 좋은 일이 없었다.

요즘은 곡식, 채소, 과일 어느 것 하나 마음 놓고 먹을 수 없는 불안감이 팽배해 있다. 아침은 식구가 오순도순 한 상에서 식사를 하지만 점심과 저녁은 거의가 외식을 하는 남편과 아이들 먹거리 걱정이 이만저만이 아니다. 이것은 나 혼자만의 염려가 아니라 모든 주부들이 갖는 공통점일 것이다. 잊을 만하면 방부제와 농약 등 기준치를 넘는 유해 식품이 매스컴을 탄다. 또한 일부분의 식당이 예쁜 플라스틱 그릇에 조미료로 맛을 내는 것이 현실이다.

악한 일을 생각하면 지옥을 만나고 선한 생각을 하면 극락을 만난다는데 요즘의 먹거리를 생각하면 불안하고 의심을 하게 되니 마음이 편하지가 않다. 이런 요즘 내가 의심 없이 마음 놓고 먹을 수 있는 국수가 있다. 그 국수를 만드는 강 사장님은 정직과 성실성이 겸하여 언제 뵈어도 편안하다. 그 중 가장 믿음이 가는 것은 부처님을 향한 신심 때문이다.

강 사장님이 만드는 국수는 아무런 유해물도 첨가가 안 되었을 것이라는 확신이 든다. 때문에 아이들이 라면을 끓여 달라고 할 때 나는 이 국수를 권한다. 기분 좋게 먹는 국수는 맛도 있고 소화도 잘되며 영양도 풍부한 것 같아 먹고 난 후 개운하다.

행복과 불행, 믿음과 불신이 다 마음 안에서 이루어지는 것은 마음이 온갖 것의 근본이기 때문일 것이다. 고기, 두부, 콩나물, 우유 등 우리 주위의 먹거리들을 과연 믿고 먹어야 할 지 난감할 때가 많다. 식품 제조업자나 식당을 운영하는 사람들이 소중한 내 가족이 먹는 음식을 만든다는 사명감을 가진다면 삶은 한층 밝고 건강한 생활이 되지 않을까.

오늘도 나는 국수를 먹으며 우리 식구가 얼마든지 기분 좋게 믿고 먹을 수 있는 국수가 있어 행복하다고 딸에게 말했더니, 쫄깃한 면발을 입에 넣던 딸이 한마디 한다.

"믿고 먹을 수 있는 국수공장이 우리고장에 있어 다행이네요."

서로 믿고 살 수 있다는 것, 이것이야말로 사람이 살아가는 중에 최상의 행복은 아닐지.

3. 빈녀의 등불

어머니의 그믐밤 이야기

내 고향은 산촌이었다. 지금은 고향 산촌에도 전깃불이 들어가 곳곳에 가로등이 켜져 있지만, 70년대 초반까지만 해도 등잔불을 켜고 살았다. 그믐밤이면 먹물을 갈아 부은 듯 한치 앞도 볼 수 없어 혹시 밖에 볼일이 생겼을 때는 호롱불을 들고 다녔다.

고향은 계절이 바뀔 때마다 수채화를 그려낸 화폭 같았고 음식도 이 시대에는 맛볼 수 없는 별미들이라, 생각만 해도 군침이 돈다. 가족, 친척, 이웃들의 정이 지금은 찾아볼 수 없을 만큼 순박했다. 집을 둘러싼 야산에는 봄이면 진달래로 붉게 물들었고, 가을에는 따가운 밤송이가 알밤을 쏟아 냈다. 논에서는 벼들이, 밭에는 곡식과 채소들이 나날이 변해 가는 모습이며 계절 따라 오

고 가는 새들의 노랫소리, 새파란 하늘에 뭉게구름과 달이 뜨는
달밤은 어린 가슴을 마냥 설레게 하며 꿈을 키워 주었다.

　달이 없는 그믐밤이면 무서워 밖에 나가지 못했다. 밤이면 야
산에 여우, 늑대의 울음소리가 들려오고 어떤 날은 호랑이도 나
타난다는 말에 사람들을 공포에 떨게 했다. 깊어 가는 밤, 어른들
의 옛날이야기는 거의가 여우, 호랑이, 도깨비, 귀신이야기였다.
무서워하면서도 즐겨 듣던 이야기들이다.

　여우는 술수와 변화를 부리며 인간을 괴롭히는 동물로 인식되
어 왔다. 특히 천년 묵은 여우는 꼬리가 아홉 달린 구미호라 하여
더욱 신통력이 있는 것으로 생각하였다. 변신한 구미호가 새신랑
대신 장가를 들어 사람이 되려다 강감찬에 의하여 죽음을 당하였
다는 설화나, 구미호가 사람으로 변신하여 한 집안을 망하게 하
였는데 신통력 있는 도인의 도움으로 물리쳤다는 등…… 구미호
의 변신에 관한 설화는 TV 드라마인 '전설의 고향'에서도 널리
방영되고 있다. 옛날에는 낮에도 공동묘지에서 볼 수 있는 동물
이었다고 하는데 요즘은 동물원이 아니면 볼 수 없게 되었다.

　어린 시절, 밤중이면 여우가 자주 울었다. 잠결에 "어미야! 여
우 운다. 콩 까불러라!"라는 할머니 소리에 잠이 깨면 캥캥거리
는 소리가 들리고 조금 후에 어머니가 키로 콩을 까부르는 소리

가 들린다. 나는 할아버지 할머니 가운데 있으면서도 이불 깊숙이 파고든다. 이불 속에서도 이렇게 무서운데 엄마는 뒤란 항아리의 콩을 꺼내 까부르니 얼마나 무서울까 하는 생각이 들었다.

여우가 밤에 울면 동네에 불이 난다고 했다. 그런데 콩을 까부르면 불이 안 난다는 속설이 있다는 이야기를 할아버지께 들었다. 한밤중에 여우가 울 때마다 곤하게 잠들었을지도 모르는 엄마를 깨워 콩을 까부르라고 하는 할머니의 목소리와 엄마의 키질 소리가 지금도 들리는 듯 엊그제 일 같기만 하다.

어머니는 낮에는 들에서 일을 하고 밤에는 바느질 아니면 다듬이질, 삼 삼기, 맷돌 돌리기, 소죽 끓이기로 밤잠 자는 것을 본 적이 없다. 아마도 내가 잠든 동안 등걸잠을 주무셨을 것이다. 그래서인가 어린 시절에 어머니가 편안히 잠자는 모습을 본 기억이 없다.

밤중에 식구 중에 누가 별안간 열이 나고 병이 나면 동네에서는 으레 만신이라는 무당을 찾는 것이 보통이었다. 그때는 의사도 약사도 귀할 때라 병이 나면 만신이 의원 노릇을 했다. 우리 집 단골인 유명한 한의사가 한 분 계셨는데, 거리가 멀어 급할 때는 산 넘어 ‘헐띠기’ 라는 만신을 불렀다. 만신이 밥을 해다 놓고 주문을 외고 갖다 버리면 이상하게도 이튿날이면 낫곤 했다. 그런 일이 자주 있었다.

　깜깜한 밤중에 산을 넘어 만신을 불러오는 일도, 만신 뒤치닥거리도 모두 어머니 몫이었다. 지금 생각해 보면, 머슴도 있고 여러 식구가 살면서도 어려운 일을 모두 어머니 혼자 도맡아 했던 것은 할머니의 뜻이었던 것 같다. 할머니에게는 딸이 있고 인정도 눈물도 많으신 분이었는데, 엄마와는 분명 악연 중의 악연으로 만난 것 같다. 그렇지 않고서야 어찌 그토록 냉정할 수가 있었을까?

　무서운 그믐밤에 연약한 젊은 여인네가 산짐승이 많이 나오는 산을 혼자 넘어 만신을 부르러 가는 것은 상상만 해도 겁이 나는 일이다. 그러나 어머니는 한 번도 여우나 늑대를 만난 적이 없었다고 한다. 착한 엄마를 모든 신들이 도와준 것일까, 아니면 산짐승들이 엄마를 피해 준 것일까.

　동네에 홀아비가 늦게 장가를 든 사람이 있었다. 아들 하나 낳고 부인이 또 임신을 했다. 그런데 남자가 얼마나 인색하던지, 일을 갔다 오면 꼭 솥을 열어 보거나 찬장을 조사해 보고 밥을 해 먹은 흔적이 있으면 난리가 나는 것이었다. 큰소리가 나서 사람들이 가 보면 꼭 밥 때문이었다. 그럴 때마다 부인은 울면서 잘못했다고 빌었다.

　어느 날이었다. 그날도 밥을 해 먹었다고 남편은 또 폭력을 행사했다. 부인은 무슨 생각이었는지 이번에는 빌지도 않았다. 그리고 양잿물 사발을 가지고 들어왔다. 남편은 "네년이 그걸 먹어? 어디 먹어봐!"라고 약을 올렸다. 부인은 그 잿물을 홧김에 마시고 피를 토했다. 얼마 동안 고생을 하다 결국 죽고 말았다. 속설에 임신 중에 죽으면 아이를 꺼내 따로 매장을 해야 한다고 했다. 죽은 부인도 임신 중이었기 때문에 의사가 애기를 꺼내는 수술까지 했는데 애기는 딸이라고 했다. 쌍 초상이 났던 것이다. 그 일로 인해서인지 해만 지면 무서워 아무도 밖에 못 나갔다.

　그때도 그믐밤이었다. 할머니는 인정은 있어서 그 집에 식구가 밥을 굶고 있으니 어머니더러 밥을 해다 주라고 했다. 초상집은 동네 끝 산 아래 외딴 집이었다. 고된 들일을 마치고 돌아와 깜깜한 밤에 밥을 해 가지고 초상집에 가는 것이 얼마나 무서웠을까? 지금도 그 기억이 생생하다. 그렇게 힘 드는 일은 다 하면서도 불만을 몰랐던 어머니…… 궂은일은 당연히 당신의 일이라고 생각했기 때문이었다.

　많은 세월이 흘렀는데도 달이 없는 그믐밤 하늘을 볼 때면 어

머니 모습이 떠오르면서 가슴이 아프다. 철없던 그때의 나를 생각하면 한없이 내가 밉다. 고생하는 어머니를 보면서 한 번도 어머니 편에 서 본 적이 없었다. 어머니 입장에서 보면, 딸자식 하나 있는 것이 남의 자식만도 못했으니 얼마나 섭섭하셨을까? 어머니는 한평생을 그믐밤 같은 삶을 살다 그믐밤에 가셨다. 마지막 순간까지 온갖 고통과 외로움 속에서 눈을 감으셨다. 어머니는 당신의 업을 금생에 다 받고 떠나신 것이다. 이제 어머니 이야기는 슬프게도 옛날이야기가 되고 말았다.

어머니가 가시던 2001년 봄은 궂은 날도 없었고 만물이 소생하는 음력 춘삼월. 산과 들은 초록으로 파릇이 물들어 가고 갖가지 꽃이 다투어 피는, 일 년 중 가장 아름다운 계절이었다. 꽃비를 맞으며 남섬부주 동양 대한민국 충청북도 음성군 비산리 미타사 대불전 앞에 어머니를 모셨다.

해마다 어머니 제사 때가 가까워 오면 미타사 입구에서부터 오색등이 줄 지어 빛을 발하여 오가는 사람들의 발걸음을 멈추게 만든다. 불빛이 너무 아름다워 누구나 한번쯤 미타사 도량을 돌아보게 한다. 부처님 오신 날 보름 전에 어머니가 돌아가셔서 오색등을 켜기 때문이다.

어머니 모신 곳에는 그믐밤에도 등불이 대낮같이 켜져 있다.

그리고 언제나 사람들이 오가서 외롭지 않을 것이다. 부처님 도량에서 매일 법문 들으시고 지금쯤 어느 귀한 집 자손으로 환생하여 금지옥엽으로 계실지, 아니면 극락세계에서 부처님 설법을 듣고 계시는지 알 수가 없다. 다만 우리 옛 어머니들의 인종과 부덕婦德으로 우리는 광명천지의 자유와 평안을 누리는 것은 아닌가 싶다.

금년 들어 어머니 가신 지 십 년이 되었다. 어머님 영전 앞에서 기도드린다. '그믐밤은 초승달을 잉태하는 전주곡입니다. 다만 사람들이 어리석어 우리 어머니같이 기다리지 못하고 한 생이 전부인양 좌절하는 사람이 많습니다. 중생들 삶이 끝없이 윤회하는 과정임을 안다면 칠흑의 어두움도 위안이 될 것입니다. 윤회의 과정에서 한 번만 금생의 어머니를 내생에 다시 만나 생전에 못다 한 효도를 마음껏 해드리고 싶습니다.'

이렇게 기도하며, 내생에는 좋은 인연으로 만나 효도하여 후회 없는 삶이 되기를 발원한다. 지장보살님 도량에서 기도하면서 나는 어느 생에 지장보살님처럼 대 원력을 세우고 어머님을 영원히 제도시킬 수 있는 효녀가 될 수 있을까? 아직은 희망사항일 뿐, 지장보살님이 한없이 부럽기만 하다. 천 리도 한 걸음부터라고, 나도 원력을 세워 본다.

어머님, 지금은 시대가 바뀌어 인공위성으로 달나라를 가는 21
세기입니다. 오늘 밤은 그믐인데도 집 안에도 집 밖에도, 어머니
를 생각하는 제 마음도 대낮같이 밝습니다. 부디 극락왕생 하십
시오.

꿈과 예감

아리스토텔레스는 꿈을 '인간이 자고 있는 동안 영혼의 활동'이라고 했다. 또 하프너는 "우선 꿈은 생시의 연속이다. 꿈은 바로 얼마 전의 의식 속에 존재했던 표상과 연결된다. 자세히 살펴보면 거의 대부분의 꿈이 전날의 체험과 연결되어 있음을 알게 될 것이다"라고 했다. 또 꿈은 현실과 반대라는 설도 있다.

예감과 꿈이 맞을 때가 있다. 물론 헛된 예감과 꿈을 꿀 때도 있다. 근래에 나의 예감과 꿈이 잘 맞아 들어가는 것 같다. 그래서 좋지 않은 꿈을 꿀 때는 기도를 더욱 열심히 해서 가볍게 넘어 가지만, 꼭 어떤 경우라도 거치게 된다. 가족에 대한 예감과 꿈, 내가 가까이 지내며 좋아하는 분들에 대한 예감과 꿈이 그대로 현실화될 때가 있어 불안할 때도 있다. 도대체 예감과 꿈은 어디로부터 오는 것인지…….

아리스토텔레스의 말처럼 내가 자고 있는 동안 영혼이 깨어 활동하며 예몽으로 나타내 보여 주는 것일지도 모른다. 나의 경우는 꿈으로 나타났던 일이 현실로 닥치게 될 때가 많다. 사촌 막내동생은 아주 건강했다. 감기도 안 걸리던 아인데 어느 날 밤 꿈에 그 동생이 죽었다고 기별이 왔다. 튼튼한 애가 왜 죽었느냐고 울며 가슴 아파하다 깼다. 얼마 후, 운전면허 교육받다가 쓰러져 깨어나지 못하고 죽었다. 또한 시어머니와 친정어머니는 오랫동안 병중에 계셨었지만 꿈에 돌아가시는 모습이 보이시더니, 그해에 두 분 다 돌아가셨다.

성수대교가 무너지기 며칠 전, 큰아들이 죽는 꿈을 꾸었다. 큰스님께 전화를 드렸더니 꿈은 반대라며 수명장수 하겠다고 하셨다. 제 꿈은 현실로 나타나기 때문에 걱정이라고 말씀드렸더니 열심히 기도하라고 하셨다. 그리고 성수대교가 무너졌다. 큰아들은 그 시간에 그 다리를 건너서 출근을 했는데 온종일 소식이 없었다. 큰스님은 상좌스님께 기도를 부탁하고 우리 집에 오셔서 온종일 기도하는 마음으로 같이 계셨다. 아들은 평소 회사에 출근하면 아내에게 잘 도착했다고 전화하고 아버지, 엄마에게도 아침 인사를 빼놓지 않았다. 그런데 그날따라 양쪽 집에 전화까지 안 했기에 자꾸만 불안한 생각만 들었다 음성 집에서는 물론이고 서울 아들집에서 처갓집까지 모두 초상집 같은 분위기였다.

저녁 9시에 집에 들어왔다고 전화가 왔다. 그날 회사로 가는데 직원 하나가 일도 안하고 심기를 불편하게 해 회사와는 반대방향인 이천 거래처에 가서 온종일 놀다 왔다고 했다. 텔레비전도 보지 않아 성수대교가 무너진 것도 몰랐다며 어쩔 줄을 몰라 했다. 아무튼 하루를 초상 치룬 셈이다.

몇 달 후 밤에 친구들과 길을 가다가 데모하던 이들이 던진 돌에 머리를 맞아 그 자리에서 쓰러져 병원에 입원을 시켰는데 새벽에야 깨어났다. 꿈땜을 하고 지나간 것이었다.

어느 날 밤, 꿈에 남편이 연거푸 두 번이나 죽는 꿈을 꾸었다. 또 무슨 일일까? 걱정이 태산 같았다. 그해 여름부터 액운이 들이닥치기 시작했다. 남편의 사생활로 시작하여 가까운 사람들이 한 덩어리가 되어 인정사정없이 우리 부부를 벼랑 끝으로 몰아넣는 것이었다.

남편은 혈압이 높고 당뇨와 심장질환을 치료 중인 데다 겁 많고 마음 약한 사람이다. 그들은 그것을 더 약점으로 삼아 가는 데마다 남편의 이름을 세워 놓고 온갖 비방을 했다. 급기야 병원에 입원하고 말았다. 부처님 은혜로 건강은 돌아왔으나 눈이 안 좋아 네 번이나 수술을 하느라고 고생을 했고 다리가 정상이 아니다. 두 번도 더 죽고 난 셈이다. 모든 일을 치루고 생각해 보니, 나의 꿈은 한 드라마처럼 미리 차례로 엮어 알려 주었던 것이다. 그 세월이 8년이 흘렀다.

큰스님이 열반에 드시던 해에는 큰스님에 대한 좋지 않은 꿈과 예감이 많이 들었다. 열반하시던 이틀 전에 이상한 꿈을 꾸었다. 우담화와 함께 어느 높은 산을 뛰어 올라가는데 날이 저물어가고 있었다. 아주 어두워지면 못 올라갈 텐데 빨리 뛰어 올라가자고 힘껏 달려 올라갔더니 날이 저물었다. 앞에 큰 바위가 막고 있어 왼쪽 옆을 보니, 작은 길이 하나 있었다. 그 길로 가 보니 넓은 마당이 있었고 마당가에 밤나무 대추나무가 삥 둘러싸고 있는데, 밤송이와 대추가 잔뜩 달려 있어 가지가 휠 정도였다. 많은 사람들이 밤과 대추를 따느라고 야단법석이었다. 나도 대추를 한 움큼 주워들고 있다가 잠에서 깼다. 새벽기도를 마치자 우담화에게 전화로 어젯저녁 꿈 이야기를 했더니, 형님하고 나하고 시간이 얼마 남지 않았나보다고 했다.

이틀 후에 우담화가 병원이라고 울면서 '형님 빨리 와서 기도 하라'고 전화를 했다. 응급실에서 큰스님은 산소 호흡기를 꼽고 계셨고 의식은 혼수상태였다. 배와 다리를 만져 보니 차가웠다. 그때서야 서둘러 분당 서울대학병원으로 향했다. 우담화와 나는 영업용 택시로 큰스님차를 뒤따라 달려갔지만 큰스님은 이미 열반에 드셨다. 꿈이 현실이 된 것이다.

이 꿈을 해석해 보면, 해가 저물어 어두움이 오는 것은 스님이 열반에 드는 것이었고, 날이 저물기 전에 둘이 산에 뛰어 올라 가는 것은 둘이 영업용을 잡아타고 스님타신 차를 뒤쫓아 갔지만 이미 스님은 병원에 도착하기 전에 열반에 드셨다는 것을 보여 주신 것이다. 옆길로 들어간 넓은 마당은 스님 다비장이었고, 많은 사람들이 많은 열매를 따고 있는 것은 스님의 사리였던 것으로 해석이 되었다.

열반하시기 전 사월 초파일에 큰아이에게 전화를 하러 총무스님 방에 들어갔다가 액자 속에 계신 큰스님을 뵙게 되었다. 스님께서 녹음이 짙은 나무아래서 밀짚모자를 쓰고 활짝 웃고 계셨다. 그 옆에 "흘러가는 세월 속에서 지금 그 모습대로 변함없이 저희 곁에 머물러 주세요"라는 글귀가 순간 나를 울렸다. 아름다운 스님의 모습이 오래 머무를 것 같지가 않은 예감이 들어 많이 울었던 것이다.

윤칠월 초하룻날 큰스님을 뵈었는데, 기운이 하나도 없어 보여 꼭 쓰러지실 것만 같았다. 쓰러지시면 못 일어나실 것만 같은 마음이 들었다. 저녁에 우담화에게 전화를 했다. 큰스님을 입원시켜 원기를 회복시켜 드려야 할 것 같다고 했다. 이튿날 새벽 또 전화를 했다. 자기도 걱정을 하고 있다며 '더위나 가시거든요' 했다. 그로부터 3일 후인 윤초나흗날, 큰스님은 열반에 드셨다. 그렇게 수없이 미리 보여 주셨건만 우매한 중생이 알아차리지를 못하고 큰스님을 우리 곁에서 영원히 떠나가시게 한 죄를 어찌해야 할지…… 다음 생에나 다시 만나 부족함 없이 잘 모시겠노라고 오늘도 오체투지로 기도를 드린다.

5년 전에 마음의 상처로 잠도 못 자고 식사도 못해 병이 나서 병원에 입원을 했었다. 입원실에서 다라니기도 중에 잠깐 깜박하는 사이에 어떤 헬리콥터에 딸려 하늘나라에 올라갔다. 하늘나라는 조용하고 아름다웠다. 때는 밤이었다. 짙은 남색 하늘에는 이곳에서는 볼 수 없는 큼직한 별들이 떠서 반짝거리고 한쪽에서는 긴 형광등이 하늘까지 층층으로 닿아 빛을 발하고 있었다. 다섯

군데서 불이 활활 타고 있는데, 그 주위마다 사람들이 삥 둘러서
서 구경을 하고 있었다. 나는 비행기 조종사를 만나야 지상으로
내려올 수 있다는 생각에 조종사를 찾아다녔다.

한참 만에 조종사를 만났다. 너무 반가웠다. 조종사는 나를 만
나자 갑자기 동호 씨를 만나러 간다고 했다. 동호 씨는 우리 남편
과 친형제같이 지내는 분인데 잘되었다고 좋아했다. 그리고 그냥
깨었다. 조종사는 키도 크고 몸집도 무척 컸다. 얼굴도 크고 잘생
겼다. 옷도 처음 보는 생활한복 비슷한 것을 입고 있었으나 이곳
옷은 아니었다. 그곳 조종사가 동호 씨를 만나러 온다고 했는데
무슨 꿈일까? 남편에게 꿈 이야기를 했다. 건강했던 동호 씨는 3
년 후 폐암 진단을 받았다. 수술을 받고 고생하다 사망했다.

동호 씨는 이 세상에서 좋은 일을 많이 했다. 고향을 사랑했고
선후배를 아끼었으며, 남자답고 착했다. 아까운 사람이 갔다고
많은 사람들이 아쉬워했다. 우리 부부도 동호 씨가 이 세상에 없
다는 생각을 하면 너무 허무하고 마음이 아프다. 금생에 고생은
했지만, 내가 본 아름다운 하늘나라에서 분명히 지금쯤은 편안히
지낼 거라고 남편에게 가끔 이야기한다.

40대 초반이었다. 꿈에 친정집에 갔는데 바깥마당에서 새끼돼

지 두 마리가 걸어오더니 재주를 홀딱 넘더니 동자로 변했다. 한 동자는 나를 쳐다보며 왔다 갔다 하는데, 동자 하나는 나에게 다가와 손을 내밀며 자기 손을 잡으면 하늘나라로 가니 손을 잡으라고 했다. 나는 시어머님 친정어머님이 계시고 아이들 4남매가 있어 못 간다고 했다. 그 소리는 듣는 둥 마는 둥 속세에 있어봐야 그러니 손을 잡으라고 재촉했다. 나는 '아직 할 일이 있어 못 간다' 하고, 동자는 '가자' 하며 한참 실랑이를 하다 잠이 깼다. 그때 손을 잡았으면 하늘나라로 갔을지 의문이다.

그 꿈을 꾼 지 30년이 되었다. 아직도 나의 할 일을 못다 한 셈이다. 셋째가 결혼을 못했다. 셋째가 결혼하고 아들, 딸 낳고 안정된 생활을 해야 나의 임무는 다 끝이 나는 것이다. 셋째가 행복한 생활을 하게 되면 동자가 잠 속으로 와서 손을 잡으라고 하면 나는 반갑게 손을 잡을 것이다. 아직 할 일이 있어 동자가 내 손을 잡으러 오지 않는 것일까?

이승의 삶이란 한낱 꿈에 지나지 않다고 하지만 예몽처럼 맞아 떨어지는 내 꿈의 실체는 과연 무엇인지 미궁이다. 꿈과 예감은 어디서 오는 걸까? 이것이 항상 나의 화두다. 이 화두로 성불이나 했으면 좋겠다. 밤잠 들기 전에 오늘밤은 또 어떤 꿈을 꿀까? 걱정이 앞선다.

　제발 꿈이 없는 밤잠을 자게 해 주시라고 잠자리 들기 전에 꼭 기도를 드린다. 오늘 밤도 꿈이 없는 단잠을 부탁드린다.

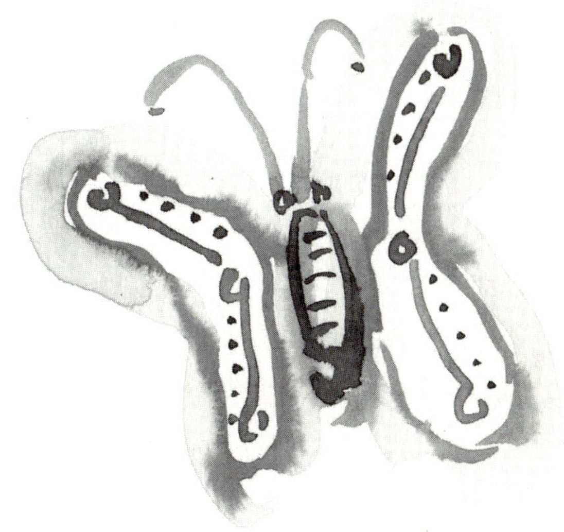

빈녀의 등불

대불전 탑 안에는 언제나 촛불이 켜져 있다. 촛불에는 각양각색의 소원들이 쓰여 있다. 대학 수능시험 합격, 건강, 행운, 취업취득, 왕생극락, 마음안정, 사업성취, 수명장수, 결혼성취, 재수대통, 승진발원…… 각자 원하는 소원을 써서 불을 켠다. 아마 걱정이 없고 행복한 사람은 이곳에 와서 이런 촛불을 켜지 않을 것이다.

나도 아이들을 위해서 건강과 사업 발전을 쓰고, 막내 아이 초에는 바른 생각 바른 생활을, 손자 손녀 촛불에는 학업성취를 써서 촛불을 켜고 절을 한다. 절을 하는 동안에도 많은 사람들이 왔다 간다. 참배만 하고 가는 사람도 많다. 어떤 젊은 부부는 촛불을 켜서 탑 속에 넣고 합장하고 서서 무슨 기도를 그렇게 간절하게 하는지 심각한 표정이다. 그들도 자식 걱정이 있는 모양이다. 얼굴에 수심이 가득하다.

지장재일이면 제일 먼저 오는 노 보살님이 계시다. 촌로村老로 신심이 좋으신 보살님이시다. 부처님 전에 쌀과 초와 향을 올리고 불전도 빼놓지 않는다. 그리고 정성스럽게 삼배를 올리고, 묻지도 않았는데 손자 때문에 절에 온다고 한다. 대불전에 가면 노 보살님도 대불전에 대초를 사 들고 와서 촛불을 켜서 탑 속에 넣으신다. 촛불에는 아무것도 안 쓰고 그냥 올린다.

부처님 앞에 선 사람들의 마음은 다 똑 같을 것이다. 자신을 위해 기도하는 사람은 별로 없지 싶다. 아들, 딸, 손자, 손녀, 며느리, 사위, 남편을 위한 기도는 아닐까. 할머니의 기도, 엄마의 간절한 기도, 아내의 기도를 그들이 알기나 할까? 알든 모르든 내 기도로 그들만 잘되면 그것으로 더 바랄 것이 없다. 상이 없는 기도다. 나 또한 자식들을 위해 올리는 기도는 아까운 것도 피로도 모른다. 오직 그들이 잘되기만을 위해 지칠 줄을 모르고 기도를 올린다. 순수한 마음으로 올리는 간절한 기도는 오직 부처님만 아신다. 그래서 부처님께서는 바른 기도를 하는 사람의 기도는 차별 없이 다 들어 주시는 것이다.

어느 날 노무현 대통령의 왕생극락 초가 켜져 있었다. 어떤 사람이 켜 놓은 초일까 궁금했다. 일국의 대통령이니 그렇게 빌어 줄 수도 있다. 아니면 노 대통령을 무척 존경했던 사람일까? 초를 켠 사람에 대해서 많은 생각을 하게 되었다. 먼저 가신 부모형제도 있을 텐데 대통령의 왕생극락만 빌어 줄 수 있을까? 그 사람은 비명에 가신 대통령이 얼마나 안 되었으면 그런 기도를 올렸을까? 이런 기도는 상 없는 순수한 기도라는 생각이 든다. 기도하는 마음도 사람 따라 각각이겠지만 부모가 자식을 위한 기도는 같을 것이다.

촛불 탑은 사방을 유리로 끼웠지만 바람이 부는 날에는 거의가 촛불이 꺼져 있다. 나는 매일 향을 올리고 꺼진 촛불에 불을 켜며 촛불에 쓰여 있는 대로 각자의 소원을 빌어 준다. '부처님, 부처님의 도량을 거쳐 간 모든 이들의 소원을 다 이루어 주소서.' 합장하고 참배를 올린다.

부처님께서 말씀하시기를 "만약 미래세에 어느 선남자선여인이 지장보살의 명호를 혹 듣거나 거룩한 형상을 우러러 예배한다면 모든 소원이 속히 성취되고 가로막는 모든 업장이 사라지리라"고 하셨다. 미타사 대불전에 모셔진 지장보살님은 항하의 모래알 수만큼이나 많은 중생들을 제도하고 계신다.

불자들이 부처님께 등 공양을 올리게 된 계기로 유명한 '빈녀 일등貧女一燈'의 이야기가 있다.

바사닉 왕 때 신심이 지극한 난다라는 여인이 있었다. 여인은 너무나 가난해 작은 등 하나 밝히기도 어려웠다. 난다는 구걸하여 기름을 얻어 초라하기 그지없는 등을 하나 장만했다. 여인은 그 등을 비록 거리의 한 구석이지만 온 마음을 모아 정성스럽게 밝혔다. 사람들은 왕을 비롯한 부자들의 화려하기 그지없는 등에 대해 칭찬을 하였다.

그러나 그날 밤, 느닷없이 불어온 세찬 바람에 나라 안을 휘황찬란하게 밝혀 주던 등불들이 한 순간에 꺼져 버리고 말았다. 단하나, 그 가난한 여인이 밝힌 초라한 등만은 제외된 채. 사람들은 이 신기한 일을 두고 제각기 생각대로 말들을 했다. 그러나 부처님께서는 그 가난한 여인의 갸륵한 신심이 세찬 바람 속에서도 빛을 발한 것이라며 칭찬을 아끼지 않으셨다. 그리고 그 여인은 30겁을 지나서 '수미등광여래'가 되리라고 수기를 내리셨다.

이 '빈자일등' 이야기는 부자가 공양한 만 개의 등보다 가난한 자의 정성이 담긴 한 개의 등이 더욱 공덕이 큰 것임을 가르쳐 주는 것이다. 이렇듯 등을 밝히는 일은 한갓 불을 켜는 것이 아니라 우리들 마음에 영원히 꺼지지 않는 자비의 빛, 신심의 빛을 켜는 것임을 알아야 하겠다.

사람은 누구나 자신을 남보다 돋보이게 하고 싶은 본능이 있다. 항상 느끼는 일이지만 그 흔한 사진을 찍을 때도 카메라 초점이 자기를 중심으로 비춰 주기를 은근히 바라는 마음을 갖고 있다. 이와 같이 내 등이 꼭 부처님 앞에 달려져야만 만족해하는 사람도 있다. 내가 올린 등이 남의 것보다 크고 화려하고 부처님 가까이 밝혀져야만 부처님이 아시고 복을 더 주는 것은 절대 아니다. 작고 후미진 곳에서라도 간절하고 지극한 정성이 깃든 가난한 여인의 등에서 우리는 진실한 믿음과 간절한 소망이 지닌 공덕을 배운다.

이제 우리는 가난해도, 어떠한 어려운 환경에 있어도 슬퍼하거나 좌절할 필요가 없다. 지금 이 순간부터 바른 마음, 바른 행동, 바른 믿음으로 살면 누구에게나 행복은 올 것이니까. 미타사 대불전 탑에 켜진 촛불들은 비록 값싼 촛불들이지만 빈녀의 한 등처럼 어떤 바람에도 꺼지지 않는 영원한 등불이 되게끔 한 사람 한 사람의 간절한 소망과 지극한 정성이 깃든 찬미의 불빛이 되어야 할 것이다.

오늘도 나는 대불전에 촛불을 올리고 참배를 하고 나서 가만히 앉아 마음이 고요해지기를 기다린다. 조금 전까지 가득 찼던 염원들이 맑게 여과되면서 가라앉는다. 촛불의 눈물을 바라본다. 제 몸을 아낌없이 태워 주위를 밝히는 한 자루의 촛불이 빈녀의 등불이 되기를 소망하면서…….

쓰다 만 원고

서랍을 정리 하던 중 우연히 낙서처럼 써서 방치해 두었던 원고를 찾아내게 되었다. 그로부터 십 년의 세월이 흐른 지금, 남편이 70대에 들어서는 해이고 내가 60대를 마감하는 해가 되었다. 새삼스러움이 느껴진다. 글의 내용은 이러하였다.

1997년 정축년 마지막 달도 며칠 남지 않았다. 새해 무인년은 남편이 60대에 들어서는 해이고 내가 50대를 마감하는 해이기도 하다. 그렇기 때문에 정축년은 정말 중요하고 보내기 싫다. 하지만 자연의 순리를 누가 막을 수 있을까.

며칠 전 남편이 와이셔츠에 넥타이를 매면서 거울에 비춰진 모습을 보며 "늙었어. 밖에 나가면 아직은 젊다고들 하는데…… 내 나이 육십이야. 어떻게 하지?" 60대 들어서는 길목에서 남편은 무척 섭섭하고 아쉬워하는 것 같았다.

"누구나 먹는 나이인데 인생은 육십부터라는 말 있지 않아요. 걱정할 것 없어요. 남은 생 더 열심히 살고 우리 회향 잘하면 돼요. 금생으로 끝나는 것이 아니고 내생으로 이어지는 것인데, 내생에 더 멋진 모습으로 만나 큰일 해요. 오늘보다는 내일이 나을 것이라는 기대, 올해보다는 내년이 좋을 것이라는 희망을 안고 살듯이, 우리는 금생에 선의 씨앗을 뿌려 내생에 좋은 열매를 맺을 것을 믿고 사는데 무엇을 두려워합니까? 그리고 밖에서 보는 우리 신랑 젊고 멋있어. 인기 만점이잖아. 나는 신랑 인기에 어깨가 우쭐해지는걸." 이런 말로 남편에게 용기를 주었다.

이 세상 살아가는 중에는 신기한 것도 많다. 도대체 누가 일 년을 12달로 정해 놓고 12달이 끝날 때마다 한 살을 먹게 해 놓았을까. 해가 바뀔 적마다 새로운 계획을 세우고 금년에는 좋은 일이 있을 거라는 보이지 않는 희망에 부풀어 새로운 삶을 시작하는 인간 세계, 새로운 시작이 없다면 얼마나 무의미하고 재미없을까. 새로운 시작이 있기 때문에 모든 것이 창조되고 발전이 되는 것이다. 어느 교수는 까치는 영원히 같은 식의 까치집만 짓지만 인간은 나날이 발전하여 고층건물도 짓는다고 했다.

세월은 흘러 60대가 되어가는 얼굴을 거울 속에서 들여다보니, 흰머리가 생겼고 피부는 탄력을 잃어 주름이 생기고 배까지 나와 옷맵시도 없다. 내게는 늙음이란 없을 줄 알았는데 늙음이 찾아들기 시작한 것이다. 날씬했던 몸매, 하얗고 팽팽했던 피부, 초롱초롱하던 눈동자로 학우들 간에 선망의 대상이었는데, 높고 푸르기만 했던 나는 어디로 갔다는 말인가? 젊은 시절의 희망사항은 하나도 이뤄보지 못하고 이렇게 가는 세월 속에 묻혀버리고 말 것인가? 스피노자는 지구가 멸망하더라도 한 그루의 사과나무를 심겠다고 했다는데…….

'그래 지금도 늦지 않았어. 용기를 내어 내 생활을 찾아야 해. 젊었을 때를 회상하면서 주어진 일에 최선을 다하는 거야.' 선공부도 기도도 게을리 하지 않고 그림도 그리고 창작교실에 나가기로 결심했다.

우선 남편의 허락을 받고 은사스님께 말씀드렸다. 은사스님께서는 다른 사람은 자기가 하고 싶은 일에만 열중하면 되지만 청정심은 선공부도 하고 기도도 해야 하는데, 다른 데 시간을 빼앗기면 마음공부 소홀해질까 봐 걱정이라고 하셨다.

은사스님과 남편의 허락을 받고 가벼운 마음으로 매주 수요일마다 창작교실에 나간다. 선생님 강의를 듣고 젊은 사람들과의 만남은 내 삶에 새로운 활력소가 된다. 새벽기도와 저녁기도에 정성을 다하며 글도 쓰면서 수요일을 기다린다.

너무 행복한 만남, 이 해가 지나면 새해에는 기쁜 일만 있을 것 같은 예감, 시집 온 후로 처음 느껴보는 충만감, 학창시절이 다시 돌아온 듯한 느낌은 마냥 내 마음을 설레임으로 흔들어 놓았다. 육지에 있던 물고기가 물을 만난 기분이다.

퇴고 하지 않은 원고는 여기서 끝나 있었다. 하지만 물을 만난 물고기처럼 마냥 좋지만은 않았던 것 같다. 시집 온 후 34년 만에 밖에 나가 보니 즐겁기도 했지만 때로는 비바람을 맞기도 했다. 사회에 경험이 없는 나는 현실을 이겨내지 못해 괴로워 밤잠을 이루지 못하는 날도 많았다. 밖에서 어처구니없는 굴욕도 많이 만났지만 그래도 이만큼 이 자리에 설 수 있었던 것은 부처님께 올리는 기도가 있었기 때문이고 훌륭하신 은사스님의 교훈과 든든한 남편, 착한 도반들 덕분이었다. 어느 것 하나 제대로 잘하는 것 없이 힘겨워 하는 나에게 글이라는 세계로 이끌어 주신 선생님 덕분에 등단도 했고 한 권의 수필집을 낼 수가 있었다.

모든 것에 부족한 나는 사람 만나는 것에도 자신이 없었다. 하

지만 어쩔 수 없는 것은 무엇이든지 사람과 사람의 만남으로 이루어진다는 사실이다. 내가 성숙되어 가는 것도 사람들 틈에서 부대끼고 아파하며 다듬어지는 것이다. 태풍도 만나고 봄바람도 소나기도 이슬비도 따뜻한 햇볕도, 대우주에서 일어나는 것은 어김없이 다 만나야 하지만 현실에 부딪치며 날마다 새로 태어나는 연습을 할 것이다. 아직 원하는 것은 멀리 있지만 부지런히 노력한다면 시절인연이 도래되어 이 사바세계의 대 자연인으로 중생 제도할 날이 올 것이라 믿는다. 앞으로 10년이나 20년 후, 잘 가꾸어 놓은 우리 자식들의 보다 성숙된 모습과 지금보다 더 여유 있는 우리 노부부의 모습을 그려 본다. 세월은 말없이 우리를 그렇게 만들어 줄 것이다.

바이욘의 미소

캄보디아 앙코르톰에서 보았던 신비로운 얼굴이 생각난다. 눈을 반쯤 내리감고 알 듯 모를 듯 미소 짓고 있는 얼굴 앞에 천년의 비밀을 엿보는 그 감동을 어떤 말로도 표현하기가 어려웠다. 어떻게 살아야 그런 미소를 지을 수 있을까. 우리는 살아가면서 수많은 사람들의 얼굴을 만나게 된다. 처음 만나는 사람을 대할 때는 대화 이전에 그 사람의 얼굴을 보며 평가하게 된다.

청주로 붓글씨를 배우러 다닐 때였다. 붓글씨 배우는 사람 중에 사십 대 중반의 박 여사는 붓글씨를 아주 잘 썼고 미모까지 겸비했다. 그런데 그분의 눈에는 어딘지 모르게 슬픔이 가득 고여 있었다. 어느 날 그분이 없는 틈에 붓글씨 선생님께 박 여사의 신

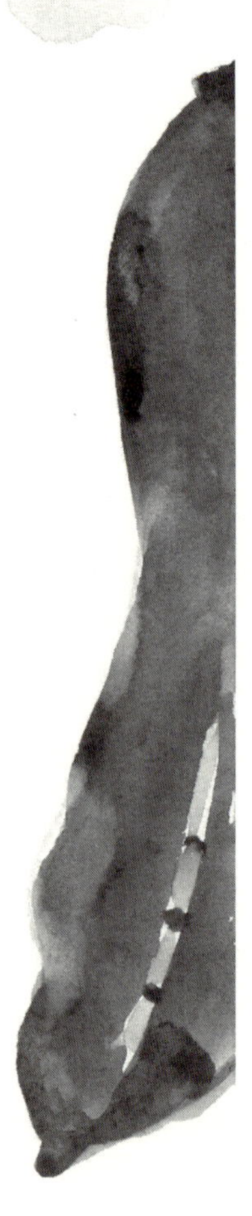

불만도 시기심도 없는 편안한 마음을
가진 사람의 눈은 맑고 밝을 수밖에 없다.
어린 아기들의 눈동자와 천진난만하게
잠자는 얼굴이 그것을 말해 준다.

상에 대해서 물어보았다. 1년 전에 남편이 교통사고로 사망했다는 것이다. 감추고 싶어도 감출 수 없는 비애가 박 여사의 가슴에 고여서 그토록 슬픈 눈이 된 것을 비로소 알게 된 것이다.

눈은 마음의 창이라고 하듯이 얼굴과 눈은 마음의 거울임에는 틀림이 없다. 잘 아는 분은 얼굴이 곱고 생글생글 웃음이 가득하신 분인데 가끔 이상한 마음 씀에 놀랄 때가 있었다. 주위 분들이 그분에 대해 좋지 않은 이야기를 할 때에 나는 속으로 착한 분 같은데 그분들이 잘못 아는 것이라고 생각했다.

어느 사십구재 때 큰스님을 뵙게 되었다. 법문을 듣고 큰스님께 질문을 했다. "큰스님! 겉모습은 누가 보아도 부처님 모습 같은데 가까이 만나 보면 전혀 아닌 사람은 왜 그럴까요?" 하고 물었다. 큰스님 말씀이 전체적인 얼굴만 보지 말고 그 사람의 눈을 보라고 하셨다. 그 뒤로 그분을 만날 때마다 눈부터 보게 된다. 가끔가다 그분의 눈매가 아주 날카롭게 번뜩이는 것을 발견하게 되었다. 그래서 나는 눈매가 참 중요하다는 것을 알게 되었다. 각자의 마음을 가장 솔직하게 드러내는 것이 얼굴인 반면에 눈매가 더 중요한 것 같다.

나 역시 얼굴 모습 때문에 한 번도 상대해 보지 않은 사람들로부터 비판의 소리를 듣는다. 어느 여행 때 버스 안에서 노래를 부르라고 마이크를 준 적이 있었다. 나는 노래대신 부처님에 대한 말씀과 기도 은혜에 대해서 말해주고 나의 모습에 대해 말했다.

"여러분들 제가 쌀쌀하고 냉정하게 보이나요? 그리고 거만한가요? 투가리보다 장맛이 좋다는 말이 있듯이, 제 생긴 모습보다는 순수하고 따뜻하고 좀 모자람이 있는 사람입니다. 저와 한번 친해 보세요. 그리고 눈이 나빠 사람을 잘 알아보지 못합니다. 앞으로 길에서 만나 인사를 하지 않거나 인사를 받지 않더라도 오해는 절대 안 하셨으면 좋겠습니다."

어떤 사람들은 가까이 친해보고 싶은데 겉모습 때문에 못 온다는 것이다. 대부분 사람들은 상대도 안 해보고 외모를 보고 거만하니, 차가우니 하며 얼굴 모습으로 단언을 한다.

정말 내 겉모습이 그렇게 쌀쌀해 보인다면 그 원인은 어디에 있는 것일까? 자신에게 물어볼 때가 있다. 학교에 다닐 때는 친구들로부터 깍쟁이라는 말을 들었다. 그것은 지저분하고 맘에 안 드는 아이들을 무시하고 옆에도 못 오게 했기 때문이다. 어른이 된 뒤에도 그런 기색이 마음에 잠재해 있다가 나도 모르게 표출된 것이 아닌가 생각해 본다. 그런 나를 발견하는 일은 기도가 아니면 어렵다. 세월 탓인지 그동안 기도에 매달려 산 덕분인지 지금은 어떤 사람을 만나도 좋고 정이 간다.

어느 해외여행 때였다. 저명한 세 분의 원로를 만났다. 그분들은 모든 것을 갖춘 멋쟁이들이었다. 그런데 그분들의 모습은 하나같이 원만한 모습이 아니었다. 모든 사람들의 존경을 받는 분들인데 왜 그런 모습들일까 의아했다. 그 원로들에게는 무엇인가를 더 채워지기를 바라는 욕심이 있기 때문이 아닐까. 그 원로 외에 또 다른 세 분이 있었는데 시조시인들로서 인격적으로 부족한 점이 없는 분들이었다. 그 시조시인들은 원만한 모습으로 우리와 함께 잘 어울렸다. 참 편안한 분들로서 다시 한 번 만나고 싶은 분들이다.

외국 관광지에서는 그 나라의 많은 노인을 만날 수 있다. 얼굴에는 주름살이 많았지만 눈이 맑고 웃음이 가득한 즐거운 표정들이었다. 처음 보는 외국인한테도 친절한 미소를 보냈다. 나이에 아랑곳없이 근심걱정 없는 천진한 어린아이들 모습처럼 느껴졌다.

우리나라 노인들의 얼굴과 비교해 보았다. 너무 대조적이었다. 그렇지 않은 경우도 있지만 찌들고, 불만이 가득한 피곤한 모습과 심통이 가득 찬 얼굴들이 많다. 과거에 어렵게 산 탓이리라. 그런 삶들이 그런 모습을 만들었을 것이다. 사람들은 자기 삶에 만족을 모르고 그 이상의 욕심을 부려 상대적 빈곤감으로 불행을 자초하는 것은 아닌 지. 그래서 불만족스럽고 짜증스럽고 심통스러운 오기가 마음에 가득하니 눈동자인들 맑을 수 있으며 얼굴표정이 평화스러울 수가 있겠는가.

불만도 시기심도 없는 편안한 마음을 가진 사람의 눈은 맑고 밝을 수밖에 없다. 어린 아기들의 눈동자와 천진난만하게 잠자는 얼굴이 그것을 말해 준다. 이제 우리는 국민소득 이만 불이 가까워오는 시대를 살아가고 있다. 지나친 경쟁에서 더 잘 살아보겠다는 몸부림에서 헤어나 삶의 질을 높이는 그런 국민이 되었으면 한다. 그리하여 여유롭고 남을 배려하는 원만한 모습으로 변화되었으면 하는 소망을 품어본다.

나는 가끔 앙코르톰의 바이욘의 미소를 생각한다. 천년이 가도 변하지 않는 미소, 아니 전 생애를 바쳐 아름다운 미소를 만든 석공들의 마음을 그려 본다. 아름다운 얼굴은 그냥 만들어지는 것이 아니라 아름다운 마음의 또 다른 표현이 아닐까 싶다. 노년에 들어서는 내 얼굴은 어떤가. 가끔 거울 앞에서 자신에게 물어보며 관세음보살을 닮으려고 노력한다.

가을 길에

가을이 가고 있다. 해마다 돌아오는 가을이지만 이번 가을만은 붙잡고 싶다. 얼마 전까지만 해도 극성스럽게 울어대던 매미, 귀뚜라미와 합주를 하던 쓰르라미, 모든 풀벌레 소리가 멈춘 것을 보면 겨울이 임박했나 보다.

새벽기도 길을 환영이라도 해 주듯 요란하던 길은 너무 적요하기만 하다. 중천에 떠 있던 아름다운 달도 하늘 높이 차가운 모습으로 외롭게 떠 있다. 아침 길엔 까치가 깍깍거리며 전봇대 위에서 반가운 소리라도 전해 줄 듯 위안을 준다. 기도하러 가는 길에 아침마다 무언의 인사를 하던 사과들도 빨간 얼굴이 되었다. 그들도 얼마 안 있으면 나무와 헤어질 것을 알고 흘리는 이별의 눈물처럼 이슬을 머금고 있는 것 같아 괜스레 슬퍼진다.

　벼이삭이 고개를 숙이던 황금 들판은 빈 짚대만 논바닥에 어수선하다. 세상은 이렇게 변해만 가고 있는 것인가. 모든 것이 떠나가는 계절이다. 그래서 가을은 더욱 허탈한지도 모른다. 얼마 전, 막내 시누이 남편의 갑작스런 죽음과 친한 친구가 심장마비로 세상을 떠났다는 비보에 허탈해 하던 남편, 건강했던 친구 남편의 암 선고, 여기저기서 별리의 소식으로 우울해지는 가을이다.

　이런 마음의 파장으로 인해 어디론가 하염없이 떠나고만 싶은 심정일 때, 문학 지인들과 가을 여행을 가자고 의견을 모았다. 빠지는 사람이 많은데 어떻게 하느냐는 전화에 이왕 결정한 것 몇 명이라도 좋으니 무조건 떠나자고 했다.

　10월 25일, 단풍이 유명한 내장산으로 향하는 버스를 탔다. 여행길에만 나서면 무거웠던 마음이 순식간에 가벼워지는 것은 어쩔 수가 없다. 맑고 푸른 하늘, 신선한 공기, 들국화, 가지각색으로 물든 산과 들, 잎 떨어진 가지에 매달린 감, 가을의 풍광은 정말 아름답다. 산천초목은 움직이지 않고 주어진 자리에서 자연이 주는 조건에 따라 계절마다 다른 모습으로 사람들을 불러낸다. 사람이나 식물은 삶의 방식은 다르지만 모두가 자연의 법칙에 따라 오고 간다. 달나라에 갈 만큼 과학이 발달했지만 대자연의 법칙은 어느 누구도 어길 수가 없다. 사계절이 가고 올 적마다 갖가지 색으로 어우러진 풍경은 인간의 힘으로는 따를 수가 없다.

세상은 모두가 어우러져 살기 마련이다. 대자연은 서로 시기하지 않고 자기가 선 자리에서 최선을 다하며 자신의 몫을 지킬 뿐이다. 그렇기 때문에 자연이 더욱 아름다운 것이리라. 우리 인간이 사는 세상에서도 서로 배려하며 욕심 없이 자기에게 주어진 삶에만 최선을 다한다면 다툼도 없고 평화스러운 대자연과 같은 아름다운 모습이 되리라 믿는다.

케이블카를 타고 정상에 올랐다. 안개 낀 계곡 틈틈이 드러나는 산단풍은 감동적이었다. 산바람이 가슴을 시원하게 씻어 준다. 젊은이들의 틈에 끼어 단풍아래서 추억에 남길 사진을 찍었다.

봄부터 여름내 성실하게 살아준 잎이 가을에 아름다운 색깔로 장식을 하고 농부가 1년 내내 땀 흘려 가꾼 만큼 수확을 거두 듯, 인생도 젊은 시절을 얼마나 성실하게 살았느냐에 따라 노후의 평안이 보장되리라고 믿는다.

돌아오는 길에 차창 밖의 들 풍경을 바라보았다. 서녘 하늘을 붉게 물들이며 지는 해, 곱게 떨어지는 나뭇잎은 인생의 황혼기와 무엇이 다르랴. 해가 지면 밤이 오고, 낙엽이 지면 겨울이 되

고, 봄이 되면 잎을 피우는 사계절과 다름없는 인생의 윤회를 실
감했다.

나는 과연 젊은 시절을 얼마나 잘 살았는가? 나의 노후는 주위
사람들이 부러워하는 만큼 행복한가? 오늘 존재했다 내일 소멸
하는 것에 슬퍼하지 않을 수 있을까? 내생을 걱정하지 않도록 금
생을 잘 닦아 놓았는가? 많은 상념들이 스쳐 지나간다.

앞으로 남은 생은 더욱 정직하고 성실하게 노력하며 살아가는
방법만이 후회 없는 삶이 될 것이며 세세생생 나를 구제하는 길
이라는 것을 안다. 노경老境에 접어들어 신앙생활은 얼마나 큰 안
심과 기쁨을 주는지, 나는 행복한 사람이라고 외치며 미소를 지
었다.

화롯불

안방 한구석에 참숯을 담아 놓은 화로가 있다. 하루에도 몇 번씩 눈길이 마주치는 화로, 아름다운 추억이 많이 담긴 화로라서 귀하게 여긴다. 시집을 오니 아버님 방에 반짝거리는 금빛 놋화로가 있었다. 친정의 질화로와는 달리 이글거리는 장작불이었고 아침에 담은 불이 저녁에는 까맣게 죽어 있었다. 불돌도 얹혀 있지 않고 부젓가락만 꽂혀 있었다. 아버님께서는 전골을 좋아하셨다. 생으로 재료만 마련해 드리면 화롯불에 전골냄비를 올려놓고 즉석에서 요리를 해서 드셨다. 그 시절 전골 맛은 일품이었다.

약주를 좋아하셨던 아버님은 저녁식사 시간이 일정하지 않았다. 언제 들어오실지 몰라 저녁시간에는 화로에서 언제나 바글바

글 찌개 끓는 소리가 끊이지 않았다. 겨울밤은 길었기 때문에 졸고 졸아 나중에는 육수나 물을 붓고 또 붓다 보면 찌개나 장맛이 달아나 맛이 없다. 그래도 아버님은 한 끼도 거르지 않고 한 수저라도 잡수시고 잠자리에 드셨다.

친정에는 화로가 두 개였다. 할머니가 아끼는 화로는 질화로였다. 질화로는 안쪽에는 빨간 찰흙이 발라져 있고 바깥쪽에는 기름을 입혀 행주질을 해서 반들반들 길을 들여 예뻤다. 가을에 떨어진 솔잎이나 솔가지를 잘라다 쌓아 놓고 일 년 내 땔감으로 썼다. 소죽도 쑤고 군불도 지피고 조석으로 밥을 지은 불을 화로에 담고 고물개로 꼭꼭 누르고 한 가운데나 옆에 불돌을 얹어 놓는다. 다른 불은 꺼져도 불돌 밑 불씨는 3일까지도 간다고 했다. 불씨를 죽이지 않는 선조들의 지혜였으리라.

옛날에는 몇 대를 물려가며 불씨를 이어가는 가풍을 중요시한 가정이 많았다. 우리 친정도 그런 가풍이 있었던 것 같다. 불씨는 생활의 편리를 위한 것도 되지만 정신적으로는 여인들의 부덕과도 관련이 있었던 것은 아닐까 싶기도 하다. 불의 씨를 이어가듯 가문의 대를 이어갈 자손을 생산해야 하고, 가풍이며 법도를 지켜가는 계율의 역할까지 포함된 것은 아닌지.

　겨울에는 온돌방이기 때문에 방바닥은 따뜻해도 실내 공기가 차가웠다. 화로에 불을 담아 놓아야 방안이 훈훈했다. 화롯불은 난방 역할을 해 주었고 화롯불을 가운데 두고 두런두런 옛이야기가 이어지고 가족이 하나로 모아지는 구심점이 되기도 했다.

　할머니의 질화로에는 삼발이와 부젓가락이 꽂혀 있었다. 삼발이는 음식을 끓일 때 사용했고 부젓가락은 불을 헤칠 때나 음식을 데울 때 받침대 노릇을 해 주었다. 솔가지 화롯불은 화력은 세지 않으나 온기가 은은히 오래갔고 어떤 음식이든지 오랫동안 끓여도 쉽게 졸아들지 않아서 좋았다. 밤이나 감자, 고구마는 불 속에 묻어 두었다 꺼내면 속까지 폭 익었으면서도 타지 않고 맛 역시 독특한 별미다. 질화로는 얌전하고 품위 있고 불은 약하나 정서적이다. 그래서 할머니는 평생을 질화로를 아끼며 즐겨 사용하셨는지도 모른다.

　어머니의 질화로에는 인두가 꽂혀 있었다. 식구들의 옷을 지을 때는 책상다리 한 무릎 위에 기다란 인두판을 놓고 저고리 동정, 깃, 섶, 솔기를 인두로 다려 가며 옷을 얌전하게 지어서 식구들을 입혔다. 지금 생각하면 어머니는 화롯불 옆에서 바느질할 때가 가장 행복했을 것 같다. 추운 겨울에 속옷도 든든히 입지 못하고 밖에서 일을 했으니 얼마나 추웠을까. 인두질과 바느질을 하며

옷이 완성되어 가는 기쁨과 화로불의 온기로 모든 시름을 잊지는
않으셨는지…….

　화로를 즐겨 사용하시던 어른들은 다 돌아가셨고 지금은 불도
지피지 않는 부엌으로 변해 화로라는 존재가 잊히게 되었다. 화
로는 이제 장식용품에 지나지 않는다. 나도 아버님께서 쓰시던
놋화로에 불기 없는 까만 참숯을 담아 방 한구석에 장식용품으로
보관하며 화로에 얽혀 있는 옛 추억을 오늘도 떠올려 본다.
　많은 세월이 흐른 지금 생각해 보니 질화로는 친정 부모님들의
은근하고 소박한 사랑의 표상으로 느껴지고, 놋화로는 위엄 있고
뜨거운 시댁 어른들을 닮았다는 생각이 든다. 이제 나는 질화로
와 놋화로의 특색을 조화시켜 새로운 사랑을 내 가슴에 담아 다
음 세대에 물려주어야 할 것이다.

편지

어린 시절 동네에 오는 편지배달부는 특별한 존재였다. 길을 가다가 배달부 아저씨를 만나기만 해도 가방 안에 나에게 전해 줄 편지가 들어 있을 것만 같아 반가웠다. 어느 날 동네에 왔다가 다른 사람 편지만 주고 가더라도 다음 날 올 때를 기다리며 기다림을 배워 갔다.

학창시절 방학 때 친구에게서 오는 편지, 전근 가신 선생님의 편지, 결혼한 후에 친정 어른들께서 보내주신 편지나 친구들의 편지는 외로웠던 나의 마음을 얼마나 달래 주었던가.

또 나의 아픈 마음을 편지지에 꼭꼭 눌러 쓰노라면 어느새 나도 모르게 눈물방울이 편지지 위에 뚝뚝 떨어지며 펜글씨는 눈물에 번지곤 했다. 편지는 받을 때나 쓸 때나 가슴을 설레이게 한다. 그렇게 정감이 오고 가던 편지가 언제부터인가 끊긴 지 오래되었고 잊고 살았다.

정보통신시대인 지금은 편지를 쓰고 봉투에 주소를 써서 우표를 붙여 보내는 일도 번거로워 하고 또 편지 오기를 지긋이 기다리는 마음의 여유도 없다. 전화 한 통화면 다 해결되는 빠른 세상이니, 편지 이야기를 하는 것도 부질없는 일일지도 모른다.

그러던 중 문학인들과 만나면서부터 편지라는 두 글자가 다시 내 마음에서 살아나기 시작했다. 선생님 또는 선후배들로부터 사랑이 담긴 편지를 받게 되면서 소녀시절 감성으로 돌아가서 편지를 주고받으며 꿈속에 사는 듯 이순의 나이도 잊은 채 행복해하니, 이 또한 축복이 아닌가.

오늘은 무영문학회 회원들을 만나는 날이다. 서둘러 대문을 나서는데 편지가 대문에 꽂혀 있었다. 겉봉투의 이름이 낯익다. 누구에게서 오든 편지는 반갑다. 그래서 오는 편지마다 그 자리에서 뜯어보지 않고는 못 배긴다. 무슨 내용의 편지일까 궁금해서다. 보낸 사람의 편지는 언제나 정이 실린 진실하고 순수한 마음이 백지 안에 가득 들어 있다.

오늘 하루를 여사님과 같이 지냈는데도 왜 그렇게 헤어지기 싫은지요. 아직도 여사님의 온기가 남아 무엇인가 꽉 찬 기분입니다. 여사님을 생각하면 제가 얼마나 행복한지 아마 모르실거예요. 그냥 바라보기만 해도 여사님의 기가 저에게로 그대로 전달되는 것 같습니다. 요즘 여사님의 모습이 어떻게 보이는지 아시는지요? 지금 막 피어나려는 꽃송이 같기도 하구요, 또 활짝 핀 복사꽃의 화사함이 빛난다고 할까요. 그 모습은 가장 행복한 모습 그리고 가장 아름다운 모습이라고 이야기하고 싶습니다. 저는 벌써부터 5월이 기다려집니다. 5월엔 여사님의 등단 및 출판기념회가 있잖아요……. (중략)

그 사람의 마음씨처럼 예쁘고 고운 글씨로 정을 담뿍 담아 보낸 편지와 순박한 그 마음을 나는 더욱 사랑하는 것이다. 그리고 자신을 뒤돌아보며 그 사람이 나를 생각하는 것만큼 정말 내가 그런 사람인가를 생각하게 된다. 모든 것에 자신 없고 부족한 것 투성이인데……. 과찬의 편지를 받을 때마다 부끄럽고 그들이 기대하는 것만큼 정말 잘 살아야겠다는 다짐을 하게 된다. 누가 나를 좋아하고 알아준다는 것은 행복 중의 행복이다.

화창한 봄 햇살을 받으며 가슴 뿌듯한 기분으로 회원들이 모인

곳으로 갔다. 모두들 예쁜 모습으로 모여 있었다. 시작하기 전에 회장님이 한 말씀 하라고 한다. 나는 인사말과 함께 아름다운 편지를 받은 이야기를 했다.

그 동안 나는 받기보다는 주는 쪽으로 살아온 것 같은데, 그게 착각이었다는 것을 새삼 발견했다. 인연 맺기를 좋아했다. 그러나 남과 친하다는 것은 한계가 있다는 것을 느꼈다. 내 마음과 같지 않게 되돌아오는 결과들은 나를 아프게 만들 때도 많았다. 그러다 글의 세계로 들어서면서 젊은이들과 함께 공부를 하게 되었다. 그곳에서 사람과 사람 사이의 진실을 얼마든지 나눌 수 있는 마음의 세계도 있다는 것을 알게 되었다. 그들은 나를 따랐고 나 또한 그들을 사랑하게 되었다. 글공부를 하며 편지를 주고받으며 정이 들었다. 때로는 자식 같은 생각도 들고 막내 동생 또는 친구 사이로도 느끼며 글과 함께 성숙되어 가고 있다.

나는 아직까지 글로써 누구에게도 내가 받은 것만큼의 감동적인 편지를 보낸 적이 없는 것 같다. 나는 그들에게 큰 사랑을 받고 있다. 스승님 말씀 중에 슬플 때는 누구나 슬퍼해줄 수 있는데, 기뻐할 때 진정 같이 기뻐해 주는 사람은 많지 않다고 하신 그 말씀은 현실의 이야기였다. 그동안 주위의 여러 모습들을 보며 다시 한번 사람들의 내면을 엿본 것은 또 하나의 수확이었다.

요즘 많은 축하 전화와 이메일 편지를 받고 체온이 스민 육필의 편지도 받는다. 내가 기쁠 때 기뻐해 주고 힘이 빠졌을 때 힘을 주는 사랑하는 사람들의 편지 한 장에 오늘도 용기를 얻고 새로운 각오로 글을 쓰고 삶의 의욕을 찾는다. 나도 좋아하는 사람들에게 희망의 편지를 전해야겠다.

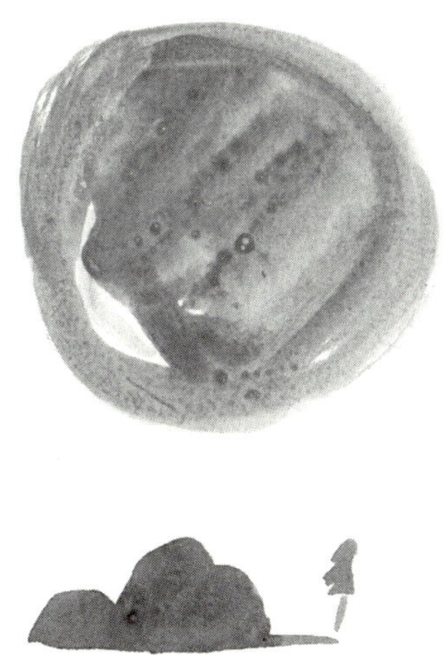

맷돌

작은어머니 팔순잔치에 참석했다가 친정집으로 갔다. 친정에 갈 때마다 집 한구석에 맷돌이 보였지만 관심이 없었다. 그런데 그날만큼은 맷돌에 눈길이 멈추었다. 옛 추억이 생각나서 새엄마에게 맷돌을 가져가겠다고 했더니 선뜻 내주셨다. 짙은 회색에 구멍이 숭숭 난 곰보 돌로 보아 제주도 돌로 만든 것 같다

맷돌은 농가의 큰 살림살이 도구였다. 밑돌과 윗돌 두 짝으로 구성되어 아래짝 가운데에는 수쇠라고도 하는 중쇠를, 위짝에는 암쇠를 박아 끼워서 서로 벗어나지 않도록 했다. 'ㄱ'자 모양의 손잡이는 위짝 가장자리 가운데 구멍에 박으며 칡이나 대나무로 테를 둘러 고정시켰다.

위짝에는 곡식을 집어넣는 구멍이 한가운데 있으며 아래짝 위
에는 곡물이 잘 갈리도록 하기 위하여 판 홈이나 구멍이 있다. 오
래 동안 써서 이 홈이 메워지면 다시 정으로 쪼아주어야 한다. 그
러나 현무암으로 만든 맷돌은 구멍이 충분히 뚫려있어 그렇게 할
필요가 없다.

내가 친정에서 가져온 맷돌은 현무암이다. 맷돌에 곡물을 갈
때에는 먼저 마당이나 대청마루 한쪽에 짚방석을 깔았다. 그 위
에 큰 함지박을 놓고 맷돌을 앉힌 다음 두 사람이 마주앉아 돌리
면서 곡물을 위짝 구멍에 떠 넣었다. 마주 앉은 두 사람의 호흡이
잘 맞아야 맷돌질이 쉽고 효율적이며 곡물이 알맞게 잘 갈렸다.

어머니는 엿을 고을 때나 술을 담글 때 또는 두부를 할 때면 맷
돌질을 했다. 뿐만 아니라 시어른들을 위하여 콩죽이나 깨죽, 녹
두죽을 쑬 때도 맷돌을 썼고, 통밀을 갈아 체로 쳐서 밀가루를
만들어 빵, 수제비, 부침개, 국수를 만들 때에도 맷돌은 큰 역할
을 했다. 여름에는 콩국수를, 겨울에는 엿, 두부, 죽 종류를 자주
했다.

어른들이 맷돌질을 할 때면 재미있어 보여 돌려 보겠다고 떼를
쓸 때도 있었다. 윗돌 구멍에다 물에 불린 콩을 한 국자씩 떠 넣으
면 윗돌과 아랫돌이 서로 맞물려 돌아가며 하얀 콩비지가 옆으로

비어져 나오는 것이 신기하고 재미있었다. 어머니와 작은어머니가 마주 앉아 맷돌질을 하면 이마에서 땀방울이 줄줄 흘러내리는 것을 보면서도 힘이 들어 그런 줄을 몰랐다. 그저 고소한 콩국수나 깨죽만 좋아했다.

가져온 맷돌을 깨끗이 닦아 살펴본다. 다른 맷돌보다 크고 의젓해 보인다. 구멍이 숭숭 난 맷돌이 닳아서 무늬가 없어졌다. 많은 땀과 수고의 흔적이다. 어머니의 일상은 맷돌처럼 고달팠다. 집안 일, 농사 일 가릴 것 없이 노동으로 이어온 나날이었다. 손잡이에 묻은 땟자국에 내 손을 포개 본다. 어머니의 체온이 전해오는 것 같아 또 가슴이 쓰리다. 한편으로는 어머니의 숨결이 배어 있는 맷돌이 반갑고 어머니를 본 듯해 마음이 편안해진다.

방학이 끝날 때쯤이면 서울에 사는 친척 오빠가 시골 음식을 좋아해서 어머니는 밤을 새워가며 맷돌에 갈아 엿이며 조청과 두부를 해 주셨다. 명절 때는 작은어머니와 같이 했지만 보통 때는 혼자 맷돌질을 했다. 이튿날 아침이면 어머니의 얼굴이 이상했다. 초저녁잠이 많은 엄마는 맷돌을 돌리며 졸다가 손잡이에 부딪쳐 멍이 든 것이다.

철없던 그때는 몰랐다. 어머니 얼굴에 땀방울과 멍이 든 모습이 떠올라 눈물이 눈가를 적신다. 왜 나는 그렇게도 엄마의 아픈 사정을 몰랐을까. 하나밖에 없는 딸인데. 되돌릴 수 없는 세월, 어머니는 이미 고인이 되셨다. 작은어머니는 아직 정정하시고 아들, 형제, 며느리, 손녀들이 차려 드리는 잔칫상 앞에 행복하시는 모습에 감사한 마음이 들었다. 작은어머니도 새어머니도 다 고생하신 분들이라 부디 만수무강하시기를 빌었다.

다시 맷돌을 바라본다. 밑돌과 윗돌이 함께 있어야 제 기능을 다하는 것이 세상 이치와도 같다는 생각이 든다. 어머니의 일생은 외짝 맷돌이었다. 외짝 맷돌로 두 짝 맷돌 역할을 해야만 했으니 외짝의 역할이 얼마나 힘들었을까. 아버지를 새엄마들에게 빼앗기고 여자를 포기한 삶의 순간순간들이 바로 고행이었을 것이다. 그러나 아들 없이 나만 바라보고 산 그 신산한 삶 속에서도 나에게 남긴 정신적 유산은 지대하였다. 세상의 많은 어머니들이 그렇듯, 대가 없이 헌신하고 이름 없이 살다 가신 일생이라 한들 어찌 아름답지 않으랴.

모두가 잠든 밤, 회한의 맷돌이 가슴을 짓누른다.

떡갈나무 잎 꽁치

내 유년은 가난한 시절이었다. 봄이면 빈 땅이 없을 정도로 농부들이 씨앗을 뿌렸다. 새소리 드맑은 청명한 날엔 농부들의 '이랴, 이랴' 하는 소리가 들판에 가득했다. 아이들은 버들가지로 피리를 만들어 불고, 동네 우물터나 빨래터에 방망이소리 따라 아낙네들의 이야기꽃이 피어난다.

그때는 봄부터 보리 이삭이 익을 때까지가 가장 힘겨운 시기였다. 그래서 보릿고개라는 말도 나왔을 것이다. 가난한 집에서는 동네 제삿날이나 잔치가 있으면 내 집에 경사라도 있는 것처럼 일을 도와주는 등 며칠씩 들뜬 기분이었다.

그렇게 가난한 시절에 내 친정집은 부유했던 것 같다. 모내는 날이면 다섯 동네가 명절이 되었다. 지금은 꽁치가 값싸고 흔한 생선이지만 그때는 귀했다. 작은아버지는 전날 읍내 장터에 가서 꽁치를 몇 궤짝씩 사 오셨다. 아침 일찍부터 동네 여인들이 모여 잔칫집 일하듯이 음식 준비를 하여, 광주리나 동이에 이고 나가 논 옆 야산에 점심을 차렸다. 할머니는 모내러 온 일꾼들을 비롯하여 점심시간에 모인 사람들에게 양념으로 조린 꽁치를 접시 대신 떡갈나무 잎에 싸서 앞앞이 나누어 주었다. 접시가 흔치 않던 시절이기도 했으나 한 사람도 차별하지 않으려는 배려였다. 비록 꽁치 한두 마리이지만 1년을 가야 비린 음식 구경하기도 어려운 그들에겐 최고의 성찬이었다. 배고파 보았던 할머니가 굶주리는 이웃에게 보냈던 따뜻한 마음이었을 것이다.

옛 어른들이 도토리를 주우며 하시는 말씀을 들었다. 산중턱에 서 있는 상수리나무가 들판을 내려다보다가 흉년이 들라 치면 서둘러 열매를 많이 맺는단다. 가난한 백성이 도토리라도 먹고 연명하라는 자연의 말없는 보시이리라.

이웃에 내 또래 친구가 있어 자주 놀러 다녔었다. 겨울이면 조그만 이불 하나를 아랫목에 펴 놓고 온 식구가 누어 발을 디밀고 자는 것을 보았다. 그 집에 가면 개떡이라는 것과 밀범벅이 맛있어 보였다. 수줍음이 많은 나는 주어도 싫다고 했으면서, 그들이 먹어보라는 말을 안 하면 속으로 섭섭했다.

어느 추운 겨울날, 친구 어머니는 남편도 없는 집에서 아기를 낳았다. 첫국밥조차 끓여 먹을 것이 없을 만큼 가난했다. 할머니는 미역 한 오리와 쌀을 바가지에 담아 사립문으로 디밀어 주며 "애기 엄마, 미역과 쌀을 놓고 가니 첫국밥 끓여 먹우" 하고는 집으로 오셨다. 할머니는 그 이상은 주지 않았다. 그 후로도 할머니는 아기를 낳은 집에 언제나 그 정도였다. 지금 같으면 내가 몰래 많이 퍼다 주었을 텐데, 그때는 왜 그런 생각을 하지 못했는지.

할머니는 친정이 부자였는데, 오빠 한 분이 계셨다. 할머니는 조실부모한 가난한 선비인 할아버지에게 시집을 와서 '허리띠로 양식을 삼고 허리띠 기운으로 살았다' 고 했다. 친정에서 도움 받은 몫은 논밭을 장만하는데 쓰고, 굶어가며 일해 온, 알뜰하기로 이름나 있는 억척 여성이었다. 자식들을 키우는 동안에도 해마다 땅을 사 모아 동네에서 새 부자가 났다고 소문이 자자했다. 우리 땅을 밟지 않으면 다닐 수 없다고까지 했다. 창고에 쌀가마니를 쌓아 놓고 살면서도 늘 아끼는 마음이 있어 며느리에게도 마음 놓고 먹게 하지 않았고, 누구에게나 정도껏 할 뿐 많이 베풀지 않았다.

아버지가 객지 생활을 하셨기에 친정집의 주권은 할머니와 작

은아버지에게 있었다. 가난한 집에서 아기를 낳으면 미역 한 오리와 쌀 한바가지를 주시는 것은 할머니 몫이었고, 추석 때와 섣달그믐께 떡쌀과 소고기 두 근씩을 나누어주는 것은 작은아버지 몫이었다.

가끔 할머니와 작은아버지의 삶을 떠올려 본다. 나눈다는 것이 그렇게 어려운 일은 아니지만 실천하는 것도 쉽지는 않았다. 가난했던 시절 어른들의 나눔의 삶은 내 인생에도 적지 않은 영향을 끼쳤다. 그래서 자식들에게도 내 식구만 위하는 삶보다는 조금이라도 여유가 있을 때 보시를 하며 사는 삶이 의미 있는 삶이라고 말해 주곤 한다. 아이들은 나도 모르게 각각 통장에서 보내는 데가 있다고 했다. 앞으로 생활이 나아지면 좋은 일을 하며 사는 것이 꿈이라고 한다.

세상이 각박해지고 추운 사람들의 이야기를 들을 때면 떡갈나무 잎에 싸 주던 꽁치의 정이 그리워진다.

다듬이 소리

그동안 시어머님 생전에 쓰시던 물건을 버리지 않았다. 다락방을 정리하다 보니 밤색 홍두깨가 나왔다. 다듬잇돌 옆에 방망이 네 짝과 홍두깨를 한데 모아 두었다. 시어머님이 다듬이질과 홍두깨질을 많이 하셨다고 하나 내가 결혼한 후에는 한 번도 사용하는 것을 보지 못했다. 가정부 아주머니가 이불 호청이나 요 호청 손질하느라고 자주 뒷방에서 다듬이질을 했다.

지금은 여간해서는 다듬이 소리를 들어 보지 못한다. 생활이 편리해져서 세탁기에 빨아 말려 그대로 사용하면 된다. 그런데도 겨울이 깊어 가면 고즈넉한 밤을 수놓던 다듬이 소리가 그리워지니, 이것도 시대적인 향수가 아닐까 싶다.

홍두깨는 빨래의 구김살을 펴고 옷감의 광택과 촉감을 살리고 풀기가 옷감에 골고루 배어들게 하는 다듬이질을 위한 도구이다. 박달나무나 대추나무 같은 단단한 나무로 만들었다. 가운데는 약간 굵고 양끝으로 가면서 가늘게 깎아 표면을 매끄럽게 다듬는 것은 옷감의 올이 상하지 않게 하기 위해서다. 홍두깨틀이 있을 때는 옆에서 잡아주지 않고 두드려도 자연히 돌돌 돌아가게 되어 있지만 틀이 없을 때는 두 사람이 양쪽에서 잡아 주어야 한다.

홍두깨 다듬이질은 명주나 비단을 다듬는 방법이다. 먼저 다듬잇돌에서 올이 바르게 되도록 애벌 다듬이질만 하고 물기가 어느 정도 말라 꾸덕꾸덕하게 되면 홍두깨에 감는데 너무 두꺼워도 얇아도 안 되기 때문에 적당하게 말아서 방망이로 고르게 두드린다. 그러면 마르면서 윤이 난다.

광목이나 옥양목 같은 것은 물에 적당히 축여 잘 개켜서 다듬잇돌 위에 올려놓고 다듬이 방망이로 두드려 주름을 펴고 풀기를 세워 광택을 낸다. 한 사람이 두 손에 방망이를 잡고 두드리기도 하고 두 사람이 다듬잇돌을 가운데 두고 마주 앉아서 맞다듬이질을 하기도 한다.

친정에서 어머니와 숙모가 맞다듬이질을 하는 방망이 소리가 듣기 좋았다. 맞다듬이질이야말로 호흡이 잘 맞아야 한다. 어머니와 숙모는 남남으로 만났지만 한 집안의 며느리로 책임과 의무를 다하며 우애 있게 살았다. 맞다듬이질 하듯이 서로가 이해하고 도와가며 경주 이 씨 종가를 광택 나게 가꾸었다. 한 가정의 흥망은 화목에 달려있듯이 두 어머니의 우애와 인고를 어느 홍두깨질에 비하랴. 겨울밤이 이슥하도록 두 어머님께서는 다듬이질을 하셨다.

갓 시집 와서 얼마 되지 않아서다. 시어머님께서 풀 먹인 요 호청을 주시며 다듬이질을 해 오라고 하셨다. 한 번도 안 해 본 호청을 개켜서 다듬잇돌 위에 놓고 친정에서 어머니가 하던 식으로 방망이를 두들겼지만 어머니같이 두 손이 올라가지도 않았고 방망이 소리도 뚝딱뚝딱 절름발이 소리가 났다. 이리저리 집어서 왼손으로 한쪽을 누르고 바른 손으로 접은 모서리를 힘껏 두들겨서 펴 보니 호청이 두들긴 자리마다 빠끔빠끔 구멍이 나 있었다. 다듬이질은 한 가운데를 두들겨야지 모서리를 두들기면 천이 터진다는 것이다.

다듬이질이 그렇게 힘든 것인 줄을 몰랐다. 이마에 땀이 흥건하도록 두드리는 모습이 기억에 남아 있다. 맞다듬이질과 같이 우리네 삶도 서로 협동하고 양보하며 살아가면 얼마나 좋을까.

이제야 새 며느리에게 다듬이질을 시키신 어머님의 마음을 알 것 같다. 다듬이질로 구김살을 펴듯 마음속 질곡을 펴라는 의도가 아니었을까? 두 어머니가 맞다듬이질을 할 때나 어머니가 혼자 방망이질을 하는 소리는 어느 악기 못지않게 훌륭한 소리였다. 그 소리는 나에게 자장가였다. 많은 세월이 흐른 지금 생각해 보니 어머니는 다듬이질을 하면서 여인의 모든 서러움과 한을 푼 것은 아닌지. 이제는 다듬이 소리도 어머니의 모습도 영원히 사라져 가슴만 한없이 시려온다.

오늘같이 바람 부는 밤이면 또닥또닥 다듬이 소리가 그리워 조용히 귀를 재워 본다.

가래울의 추석

입추가 지나고 백중과 처서가 지났으니 얼마 있지 않으면 추석이다. 열두 달마다 보름이면 어김없이 뜨는 달이지만 팔월 보름달만큼 풍요롭고 맑고 밝으며 시원한 달도 없는 듯하다. 이때쯤이면 내 고향 가래울의 산천과 따뜻한 부모님들, 정이 많은 이웃들, 초등학교 친구들과 뛰어놀던 언덕이며 하늘을 향해 올라가던 굴뚝의 저녁연기, 시냇물이 그리워 울적해진다.

춥지도 덥지도 않은 산들바람이 불어오고 휘영청 보름달 아래 조용한 초가지붕 위에는 둥근 박들이 듬성듬성 앉아 있다. 널찍한 녹색 잎 사이사이로 고개 올린 하얀 박꽃이 활짝 피어 있는 풍경은 반세기가 지난 지금에도 잊지 못해 그리워한다.

뒷산 밤나무는 알밤을 쏟아 내고 앞 마당가에 줄 서 있는 대추나무에는 살찐 대추들이 조롱조롱 달려 유혹하고 있다. 들녘에서 참새를 쫓는 아이들의 소리가 여기저기서 들려올 무렵, 곡식들을 털기 위해 여름내 비에 씻겨 나간 바깥마당을 황토 흙으로 다진다. 절구통을 굴리고 밟고, 동네 아이들을 모이게 한 다음 강강술래도 하고 술래잡기도 하는 동안 마당은 다져진다. 그것도 집집이 돌아가며 한다.

추석이 가까워 오면 곡식 거둬들이기에 쉴 틈이 없고 어머님들도 더욱 바빠진다. 광목 이불 호청을 빨아 다듬이질로 윤이 나게 두들겨 꾸미고 식구들 추석빔 짓느라 밤을 새운다. 벽에 도배를 하고 문을 바르고 대청소를 한 다음 음식 준비에 들어간다. 햇곡식으로 엿과 조청을 조리고 술도 빚고 두부와 다식도 미리 해 놓는다.

추석 전날에는 이집 저집에서 떡방아 찧는 소리 들려오고 달 뜬 저녁에는 마당에 멍석을 깐다. 송편을 만들어 옹기시루에 송편 한 켜 솔잎 한 켜 층층이 쌓아 쪄 낸 다음 참기름 바른 송편 맛이란 천하에 일미다. 추석날 집안 행사가 끝나면 동네 사람들이 넓은 공터에 모여 노래자랑도 하고 남자들은 씨름판도 벌어진다. 저녁에는 동네 아이들이 한 달 전부터 연습해 온 연극을 한다.

남녀노소가 모여 서로 흥겹게 기쁨을 나누었던 정겨운 풍속은 이제 사라졌다. 전설이 되어 버린 축제, 그 추억을 간직하고 사는 우리 세대 사람들에게는 옛날이 그리움으로 존재한다. 언제나 추석 달을 바라보는 내 마음은 가래울의 추석이 눈물겹도록 그립다.

시집온 뒤로는 친정 울 안팎에서 즐기던 낭만도 별로 없고 그때에 비해 한가위 준비가 반도 더 줄었다. 그래도 시댁에서 치르는 명절은 힘에 겨웠다. 명절 때는 외며느리라 도와 줄 사람 하나도 없이 혼자 차례 준비에 기진맥진할 뿐이었다. 이제는 며느리들이 있어 혼자 수고를 하지 않아도 된다.

한 가지 아쉬운 것은 아이들에게 내 유년의 동화 속에서 보내던 꿈 많던 명절 기억을 주지 못하는 것 같아 늘 아쉽다. 수두룩한 손자 손녀들에게 내 유년 시절의 시골 풍경을 심어 주고 싶다. 장독대며 화단에 피어 있는 여러 종류의 가을꽃을 보여 주고 싶고, 벌과 나비 구경도 시켜 주고, 햇빛이 좋은 뜰에 발을 깔고 빨간 고추 말리는 광경도 보여 주고 싶다. 그리고 달 뜨는 마당에 멍석을 깔고 달과 별을 바라보며 노래자랑도 시키고, 옛날 친정 부모님들이 나에게 들려주시던 옛이야기도 들려주고 싶다. 먼 훗날 손자 손녀들 가슴에 오래 두고 반추할 기억을 올 추석부터 꼭 마련해 보리라.

수련

울안 돌그릇마다 수련이 아기자기하게 피었다. 십 년 전쯤 꽃집을 하는 이웃이 수련을 한 포기 심어주고 간 것이 많이 퍼졌다. 수련睡蓮이라는 이름은 꽃잎이 밤에는 접었다가 낮에는 피기 때문에 잠자는 연꽃이라 불려진 것이리라.

수련은 줄기와 뿌리가 물속에 있고, 잎과 꽃은 물위에 나와 있는 수생생물이다. 잎의 줄기는 길고 가늘며 꽃의 줄기는 조금 굵고 짧아 꼿꼿한 모습으로 도도하면서도 앙증스럽다.

화단에 여러 종류의 꽃을 가꾸면서 어떻게 연약한 줄기에서 제각기 아름다운 형태의 꽃을 피울 수 있는 것인지, 오묘한 자연의 섭리에 숙연해지기까지 한다. 수련은 아이보리색의 작은 꽃이지만 가만히 들여다보면 여러 층으로 되어 있어 멀리서 보면 별 모양의 꽃 같기도 하다. 어떤 꽃이든지 잎을 내고 꽃을 피우기 위하여 내면적으로 고통이 따르기 마련이다. 그러나 질 때는 만물이 다 그렇듯 너무 허무하고 추한 모습이다.

하지만 수련만큼은 다르다. 며칠을 낮에는 피었다가 저녁에는 접었다가 하다가, 생이 다할 때는 가만히 잎밑으로 몸을 감추어 버린다. 그 다음 다른 꽃이 다시 물위에 나와 그 꽃자리를 대신 채우기에 수련은 언제나 아름답고 깨끗하다. 사람도 수련 같은 삶을 산다면 어떨까. 자기가 선 자리에서 각자가 주어진 삶에 최선을 다하다가 다음 사람에게 물려주고 조용히 물러난다면 다툼 없는 아름다운 세상이 될 것이다. 이런 삶이 사람이 사는데 있어 진정한 최고의 가치가 아닐까.

내가 나를 다스리고 정화하여 올바른 세상, 함께 어울려 살아도 전혀 걸림 없는 그런 세상을 만드는 것이 바로 우리가 할 일이다. 지금부터라도 나를 바라보는 마음으로 상相 없는 보시로 내 삶을 가꾸어 나간다면 언제나 복된 삶이 세세생생 이어지리라 본다.

나도 수련처럼 바람이 불어도 비가 와도 꿋꿋이 이 모습을 지키고 싶다. 그러다 스러질 때는 아무 일 없었다는 듯이 수련 같이

의연하고 아름다운 모습으로 마감하고 싶다. 어쩌면 이 바람도
내 욕심은 아닐까 조심스럽다.

소나무의 운명

천일기도를 회향하고 공부하러 떠나신 희공스님이 기거하시는 사찰로 대중공양을 갔다. 비구니스님들이 수행정진 중인 부산 금정산 대성암이다. 부처님이 상주하고 계신 곳은 어느 곳이든 명당이다. 사찰을 둘러싸고 있는 산이며 바위, 우람한 소나무들. 계곡을 흐르는 옥수, 들꽃들…… 어느 것 하나 빼 놓을 수 없는 경관에 취해 이런 곳에 한번 살아 보았으면 하고 욕심을 내 본다.

돌아오는 길에 통도사에 들렀다. 입구부터 수려한 산에 소나무들마다 예술 작품이다. 그곳에는 소나무가 한 그루씩 서 있는 것이 아니라 군락을 이룬 모습이 장관이었다. 그런데 한쪽에 반 이상 쓰러져 위태롭게 서 있는 소나무가 보였다. 언제부터 쓰러졌는지는 모르겠으나 오래된 것 같다. 그 많은 세월을 육중한 소나무는 무슨 업보로 그렇게 힘들게 살고 있는 것인지…… 안쓰럽다는 생각이 들었다.

남편 친구가 희귀한 아주까리 씨앗이니 우리공장 안에 심으라고 서울서 부쳐 왔다. 봄에 담 밑에 심었더니 쑥쑥 잘도 커 간다. 아주까리는 빨간색이다. 대공도 굵고 잎도 큼직큼직해 보기가 좋다. 담 밑에 바짝 심고 뿌리가 얕게 뻗어서 그런지 앞으로 조금씩 기울기 시작하더니 반 이상 넘어져 가는 것을 보면서도 나를 비롯해 어느 누구도 일으켜 세우는 사람이 없었다. 생각은 있으면서도 무심결로 지나치다 보니 잊어버린 것이다.

어느 날 공장에 갔다가 창밖을 내다보고 있노라니 아주까리가 다 쓰러져 가고 있었다. 통도사에서 본 소나무가 떠올라 얼른 뛰어나가 마음속으로 '미안하다, 미안해' 하면서 아주까리를 바로 세워 놓고 쓰러진 쪽에 흙을 떠다 북을 주었다. 아주까리는 고맙다는 듯 씩씩하고 반듯하게 서서 잘 커가고 있다. 사람이나 식물이나 힘들게 살아갈 때, 힘 있는 이들이 조금만 신경을 써 준다면 서로에게 행복을 주는 공존의 삶을 살 수 있을 것이다.

아주까리 하나가 진리를 깨우쳐 준다.

산 속의 고운 아침

나에게는 행복을 준 세 스승님이 있다. 그분들은 내가 50대 후반
에 만난 분들이다. 한 분은 글 선생님이신데 수필계의 권위자이
시다. 또 한 분은 자수 선생님이시다. 야생화나 들풀 같은 분으로
내면 깊은 곳에 내재되어 있는 아름다움으로 주위를 행복하게 만
들어 가는 분이다. 마지막은 조각 선생님으로 청렴한 옛 선비 같
다. 어제를 생각하지 말고 내일을 미리 걱정하지 말며, 오늘 하루
가 중요하니 순간에 최선을 다하면 된다는 진리를 일깨워 주는
분이다. 이런 세 스승님과 만날 때면 마음이 한없이 고요해지고
즐겁기만 하다. 우리는 만나면 역사나 예술의 이야기로 시간가는
줄 모르고 이야기꽃을 피운다.

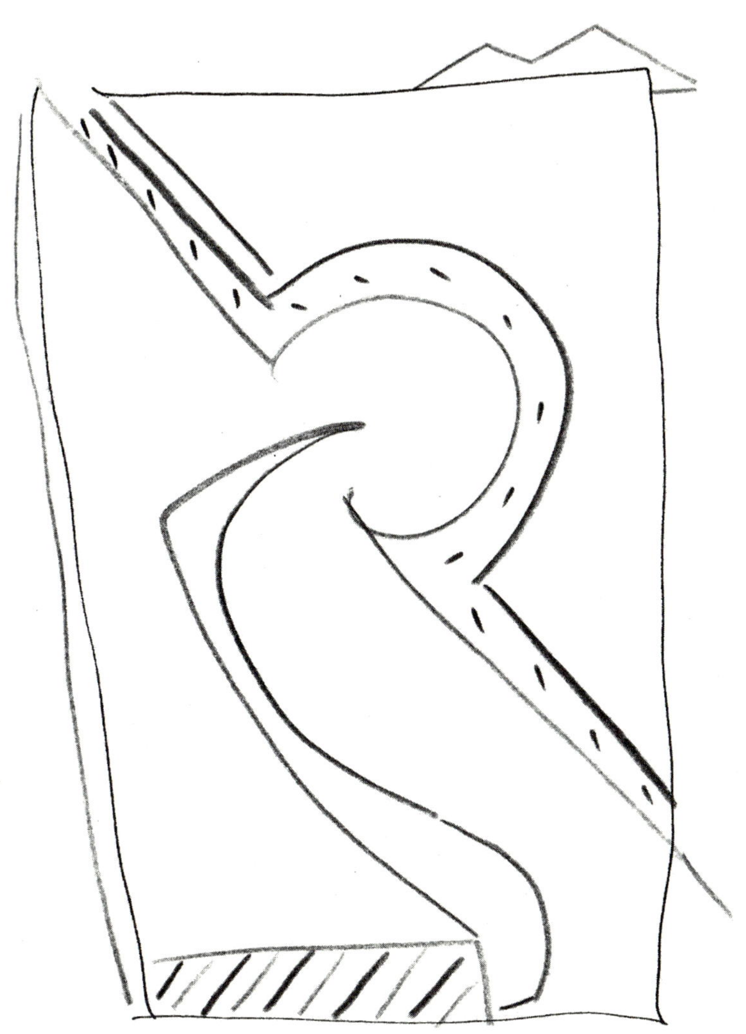

봄이 지나 여름이 다 가도록 악몽에 시달렸다. 인욕을 견뎌 내느라고 마음공부를 열심히 한 셈이다. 그 시간에서 조금이라도 벗어나게 하려고 지난 8월 음성을 떠나 강원도 자수 선생님 별장으로 갔다. 마음이 편해야 어디를 가도 편한 법인데, 어두운 마음은 좀처럼 벗어나지 못했다.

지난밤은 나를 괴롭히는 생각들로 단잠을 잘 수 없었다. 이튿날 새벽 모두들 잠든 틈을 타서 새벽기도를 하기 위해 별장을 빠져 나왔다. 별장 주위를 돌며 천수경을 독송하고 관음주력을 음송했다. 맑은 하늘이 열리고 죽죽 뻗은 적송과 시냇물 소리, 산새들의 지저귐은 공해로 찌든 마음을 말끔히 씻어내 주는 듯 산속의 공기는 참으로 상쾌했다. 아침 조반상 차림은 조미료를 넣지 않은 자연의 식품으로 구미를 돋우어 주었다. 아침상을 물리고 나니 잠이 쏟아지기 시작했다. 거실에 깔린 대나무 자리에 편안한 마음으로 누워 잠이 들었다. 잠결에 애니의 피아노곡이 너무도 좋게 들려오는 바람에 나도 모르게 눈을 떴다.

거실 통유리 앞의 단풍나무와 감나무 잎이 하늘을 덮었다. 마치 바로 나무 밑에 누워있는 것 같다. 나뭇잎 사이로 햇살이 부서져 들어오고 거실 가득히 피아노곡이 흐르고 있었다. 글 선생님은 흔들의자에 앉아 삼매경에 빠지고 자수 선생님은 김이 나는 녹차를 찻상에 올리는 중이었다. 조각 선생님은 벼루에 먹을 갈아 한지에 단원檀園 김홍도金弘道의 시를 정성스럽게 쓰고 있었다.

문장이 세상을 놀라게 한들 다만 누累가 될 뿐이요
부귀가 하늘에 닿아도 역시 그저 수고로울 뿐
어찌 산창의 고요한 밤에 향 피우고 말없이 앉아
솔바람에 귀 기울 일만 하리오.
옛 먹을 가볍게 가니 책상 가득 향내 나고
벼루 골에 물 부으니 얼굴이 비치도다.
산새가 날마다 오나 기약 있어서가 아니요
들꽃은 심지 않았어도 절로 향기 내도다.

일찍이 김홍도는 이런 경지를 체험한 도인이 아니었을까. 제아무리 당대를 휩쓰는 문장가인들 이 고요에 비하며, 부귀를 누린다 한들 이 충만함을 따르랴. 세상에 가진 것 많을수록 마음 고달픔 또한 큰 것을…….

고요하고 맑은 마음을 좋아하는 네 사람의 만남, 그 시간 행복의 빛은 서로의 가슴에 시나브로 스며들고 있었다. 좋아하는 사람끼리는 아무리 오랜 시간이라도 지루하지가 않다. 어떠한 사기심이나 이해관계가 없는 순수한 자연과의 만남 같은 관계라서 일까. 짧은 시간이었지만 놓치기 싫은 시간이었다. 두고두고 기억에 남을 중요한 시간이 될 것 같다.

그 시간이 왜 그리도 좋았을까. 네 사람의 마음이 하나같이 바람 한 점 없는 잔잔한 호수 같은 마음이었기 때문일 것이다. 시심詩心이 햇살 무늬로 창에 어리는 산속 고운 아침, 솔바람 소리로 씻어낸 맑은 영혼에 지고의 평화 머문다.

4. 만일 萬日기도 회향

행복하신가요?

다시 봄이 왔습니다. 여사님이 떠나신 뒤 시간은 말없이 갑니다. 처음 보내온 편지가 생각납니다. 여사님은 늘 동동거리며 산다하시며 이제 자신만의 시간을 갖고 싶다고 했습니다. 여사님의 일생은 오직 울안에서 거사님을 위하여 마음과 몸을 다 바친 열녀이셨습니다. 어느 시인은 "흔들리지 않고 핀 꽃이 어디 있으랴"고 노래했습니다. 어떤 삶이든 고뇌는 다 있게 마련입니다. 내 안에서는 어떤 곤란을 겪더라도 밖에서 보는 모습이 아름답다면 그 삶은 성공한 삶이 아닐런지요?

여사님의 부부는 누구나 부러워하는 원앙새 같은 부부였습니다. 그렇게 보이기까지는 많은 인내와 수양을 쌓아야 했겠지요.

언제 보아도 깔끔하고 단정한 옷차림, 예의를 갖춘 겸손함, 만면
에 잔잔히 흐르는 미소, 관심과 정이 가득한 경상도 사투리, 긍정
적이며 모든 일에 적극적이셔서 우리들의 귀감이 되셨습니다.

어느 봄날 외출에서 돌아와 보니 편지함에 편지가 꽂혀 있었습
니다. 또 보내주신 편지가 너무 반가워 그 자리에서 뜯어보지 않
을 수가 없었습니다.

황사 바람에 봄기운을 느끼지 못한 채 4월을 보내다가 아쉬워
청향당에서 봄을 만끽하려고 몇 차례 전화를 넣었더니 보살님이
부재중인 것 같아 마음을 접었지요. 그래도 그냥 돌아설 수가 없
어 '잉홀' 책을 펼쳤답니다. 여사님의 작품 '얼굴과 눈'을 소리
내어 읽었지요. 곁에서 눈을 지그시 감고 있던 영감이 "진짜 보살
이네" 하더군요. 그리고 보살님에 대한 이야기로 시간을 보냈답
니다. 보살님! 씀바귀 꽃이 시들기 전에 초대해 주세요…….

이 구절이 지금 생각해 보니 본인의 병이 깊어 가는데 조금이
라도 건강할 때 초대해 달라는 것으로 해석이 되어 가슴이 아파
옵니다. 이렇게 소중한 편지를 받고도 무엇이 그리 바빴는지 답
장도 못해 드렸고 많은 날이 지난 후에 전화를 해서 만났습니다.

그날 겉모습은 그리 변하지 않아 암세포가 전신에 퍼져 있었던 것을 전혀 몰랐습니다. 아픔을 참으면서도 긴 시간을 저희들과 함께 하셨습니다. 언제나 주기를 좋아하셔서 그날도 귀한 물건을 차에 싣고 오시어 저희들에게 골고루 나누어 주셨지요. 그동안 여사님께 여러 통의 편지를 받았음에도 한 통의 답장도 드린 적이 없습니다.

어느 모임에서 "우리 형, 아우 하자!"고 제안하실 때에도 선뜻 대답을 못하고 미소만 지었습니다. 그전엔 저를 부를 때 청정심하고 부르셨는데 그 후로는 보살님으로 바꾸어 부르시더군요. 저도 무척 외롭고 사람 좋아했는데 어째서 여사님께 그렇게 인색했는지 자신에게 묻고 싶답니다. 정말 큰언니 같고 어떤 허물도 다 감싸주고도 남을 만한 인품으로, 바로 제가 찾고 있던 인간다운 보살님이셨음을 이 우매한 중생이 몰라보았던 것입니다.

평생을 옆에 모시고 살면서도 그분이 돌아가신 후에야 부처님이었다는 것을 깨달은 분도 계십니다. 우리의 영혼은 사막 같은 삶의 번뇌에 시달리며 생명수를 찾아 헤매입니다. 그러다가 정작 생명수 같은 진리의 말씀이나 진실한 사람을 만났을 때 우둔함에 얽매여 진실을 놓쳐버리기도 합니다. 제가 그런 사람 중에 한 사람인 것 같습니다. 생전에 좀 더 가까이 다가가서 잘해 드리지 못

한 것이 후회되지만 이미 때를 놓치고 말았습니다. 향기로운 여운만 남기고 가신 아름다운 여사님, 머리 숙여 극락왕생만을 빕니다.

처사님께서는 아들도 손자도 멀리하시고 여사님과 살던 곳, 거닐던 장소, 생전에 여사님이 좋아하시던 저희들 가까운 곳으로 오셨습니다. 그리고 저희들을 당신 집으로 초대하셨습니다. 구석구석 깨끗하게 정돈된 아파트 살림살이가 어설프지 않았습니다. 현관문을 열고 들어가자 첫 번째 방에 여사님의 영정이 정중하게 모셔져 있었습니다. 처사님은 매일 저녁 촛불을 켜고 향을 피워놓고는 하루 있었던 일을 여사님께 들려 드린다고 하셨습니다. 영정 속의 여사님은 행복한 미소를 짓고 저희들을 살아생전처럼 반가이 맞아주는 모습이었습니다. 그래서인지 처사님 아파트가 쓸쓸하지 않았나 봅니다.

여사님은 한 생을 잘 사시고 회향하셨습니다. 그렇게 원하시던 수필집을 아드님이 유고집으로 출판하여 세상에 내놓았습니다. 힘든 투병 중에도 원고 퇴고에 매달리셨다니, 많은 사람들에게 오래도록 기억에 남을 것입니다. 처사님은 여사님과 '태어난 날은 달라도 제삿날은 한 날이 될 것'이라고 하며 지금도 오직 여사님만 그리워하시며 여사님 곁으로 가시길 간절히 원하는 것 같습니다.

 여사님! 청정심은 생전에 못 해 드린 죄책감에 49일 동안 미타사 영전에 위패를 모셔놓고 매일 극락왕생을 빌어드렸습니다. 제가 이 세상에 있는 한 천도재 때마다 빼놓지 않고 꼭 모셔드리겠습니다. 지금도 미타사 천일기도 영전에 모셔놓았습니다. 부디 극락왕생 하시옵소서! 극락왕생은 곧 해탈입니다. 해탈은 자유입니다. 해탈하신 여사님, 행복하신지요?

통곡의 벽

세계 7대 불가사의 중 하나로 불리는 앙코르 유적지에 도착했다. 입구에 들어서자 희고 검붉은 돌로 조각을 해 세운 돌사람들이 웅장하게 줄로 서 있고 그 뒤에 바위가 산더미처럼 쌓여있는 듯한 건물로 들어섰다. 멀리서 보면 구조물로도 보였지만 가까이 가보니 20만 개의 블록들로 사람의 얼굴을 새긴 바위였다. 여기가 앙코르톰이라고 했다.

자야르만 7세는 어머니를 위해서 타프롬 사원을 세우고, 아버지를 위해선 프레아칸 사원을 세우고, 자기 자신을 위해선 바이욘 사원을 세웠다고 한다. 사원의 외곽은 54개의 크고 작은 탑들이 중앙 성소를 에워싸고, 지붕을 이루는 216개의 큰 바위에는 관세음보살님과 자야르만 7세가 자기 얼굴이라고 믿었던 앙코르의 미소가 천년 세월에도 변함없이 자비로운 미소를 짓고 있다.

기나긴 회랑回廊의 벽화에는 전쟁에 나가는 군사들과 그 당시 사람들의 생활모습들이 새겨져 있는데 돼지 잡는 모습, 닭싸움 장면, 수도하는 수행자들의 모습, 머리에 이를 잡아 주는 여인, 진통을 겪으며 분만하는 여인, 생선을 파는 여인, 야생동물을 향해 활을 쏘는 사냥꾼, 전쟁 중에도 사람들의 눈을 피해 사랑을 속삭이는 모습까지 조각으로 꽉 채워져 있었다.

천 년 전 그 시대 사람들은 모두 조각을 하는 석공들이었단 말인가? 체구도 작은 몸에 기계도 없었을 시절에 어떻게 그 무거운 많은 돌을 운반하였는지, 섬세한 조각 솜씨에 놀랍기만 하다. 물과 흙, 태양과 바위 그리고 신과 인간이 만나 한자리에 공존하는 곳. 원시의 순수함과 인류 문명이 어우러진 앙코르 유적지라는 곳이 마냥 신기하면서도 위압감까지 느껴졌다. 가이드의 말은 역사적으로 이렇게 섬세한 조각은 사람으로서는 힘든 일이었을 것이고, 우주인의 작품이라고 생각한다고 했다.

그곳 많은 사원을 관람하면서 가장 내 마음에 크게 와 닿은 곳은 바로 원시적 신비로움과 자연의 거대한 위력을 감상할 수 있는 타프롬 사원이다. 이 사원은 자야르만 7세가 왕위에 오른 지 5

년 만에 어머니를 기리기 위해 헌납한 사원이다. 수많은 건물을 남긴 자야르만 7세지만 최초로 지은 건축물이 어머니를 위한 사원이란 점으로 보아 효성이 지극한 왕이었던 것으로 추측이 되어 감동이 왔다.

그곳에는 고위급 승려 18명 외에 관리인, 보조원, 무희들 등을 모두 포함해서 이만 육천 명이 거주했다고 한다. 자야르만 7세가 어머니를 위해 꾸몄다는 방에 들어갔다. 천장이 뚫렸는데 예전에는 천장이 다이아몬드로 덮여 있었고 벽 사면에 구멍이 숭숭 뚫려 있었는데 그 구멍마다 사파이어와 루비가 박혀있었다고 한다. 보석이 무려 사만 오백이십 개가 박혀있던 자리라고 했다. 그 보석들은 지금 박물관에 보장되어 있다고 한다. 그곳을 지나 다른 방으로 들어갔는데, 그 방이 어머니가 돌아가시자 왕이 그 방에서 통곡을 했다고 해서 통곡의 벽이라고 이름을 붙였다고 한다.

누구든지 한이 있는 사람은 그 방에 가서 가슴을 치면 소리가 텅텅 난다고 한다. 나도 손바닥으로 가슴을 쳤더니 텅텅 온 방이 울리는 소리가 났다. 왕으로서 효성을 다했는데도 어머니가 돌아가신 후 얼마나 애절한 아픔으로 통곡을 했으면 그 한이 서려 천년이 넘는 이 세월까지 그런 현상이 나타날까. 나는 또 한번 불효에 대해서 크게 반성하며 가슴이 아파 왔다.

통곡의 벽을 나와 뜰로 내려섰을 때 기인한 광경이 기다리고 있었다. 그것은 천년의 세월을 지탱해온 사원에 나무뿌리가 감겨 마치 용트림을 하는 것 같았다. 그 아름답고 어마어마한 사원이 스펑 나무에 의해 점령당한 모습이라니! 곧게 솟은 이행 나무와 사원의 벽과 기둥을 휘감으며 뿌리를 뻗고 지붕 위에 우뚝 솟은 스펑 나무들이 경쟁 속에 함께 공존하고 있다는 생각에 섬뜩하면서도 무서웠다. 잘라 내고 파내어도 뻗어나가는 뿌리를 막아낼 도리가 없어 포기했다는 것이다. 그래서 이곳은 사원 복구를 하지 않고 19세기에 발견된 모습 그대로 두고, 다만 관광객들을 위한 최소한의 통행로와 안전을 위한 관리만 한다고 했다.

나 혼자 불교의 연기법으로 생각해 보니, 그 사원과 풀지 못할 어떤 원한을 지닌 영혼이 스펑 나무로 환생하여 그 사원을 파괴하고 지붕 위에 제가 제일이라는 듯 우뚝우뚝 서서 원한을 풀고 있는 것을 보여주는 듯해서 가슴이 서늘해 오기까지 했다.

타프롬 사원을 나올 때 어디선가 요령소리가 계속 들려 왔다. 근처 어느 사찰에서 스님이 저녁예불을 드리거나 영가 천도재라도 지내는 것이 아닌가 하고 두리번거려 보았으나 폐허뿐, 어느 사찰도 보이지 않았다. 서쪽 하늘에는 붉은 노을이 곱게 물들면서 해가 뉘엿뉘엿 넘어가고 돌집 위에 하늘을 찌를 듯이 우뚝 선

스펑 나무 가지에 음력 열나흘 흰 달이 힘없이 걸려 있었다. 어디선가 소쩍새 울음소리가 구슬프게 울려오고 있었다. 그 울음소리가 꼭 내 엄마 영혼의 울음소리로 들려오는 듯했다. 기분이 묘하게 서글퍼오고 형언할 수 없는 적막감과 허탈감이 엄습해 왔다. 통곡의 벽을 보고 나온 뒤라 그랬는지 모르나 이국의 하늘이 낮게 가슴으로 파고드는 듯했다.

그날 이후 요령 소리와 사원을 휘어 감고 서 있는 스펑 나무와 하얀 달, 소쩍새 울음소리와 통곡의 벽은 나에게 어떤 큰 화두를 주고 있다.

요즘에 와서 나는

어느 때 행복하냐고 묻는다면 사람마다 대답이 다를 것이다. 병든 사람은 건강을 말하고, 실직자는 직업을, 집 없는 사람은 집을 장만하면 행복하다 답하지 않을까. 우리는 부족한 것을 채워가며 행복을 느낀다. 그러나 사람의 욕망은 끝이 없어서 한 가지가 채워지면 그 이상의 것을 원하기 때문에 행복하다며 사는 사람은 많을 것 같지 않다. 하지만 내가 얼마 전 꽃동네에서 만난 사람은 전신을 움직이지 못하지만 살아 숨 쉬는 것만도 행복하다고 했다. 오웅진 신부님 또한 얻어먹을 수 있는 힘만 있어도 주님의 은총이라고 말한다.

나는 바쁜 중에도 외출을 자주하는 편이다. 음성에서 내가 자주 찾는 곳은 미타사 선다원이다. 그곳에 들어가면 도반 우담화가 다정한 미소로 반겨 준다. 통유리로 보이는 창밖의 맑은 호수, 나무와 꽃들의 풍경을 감상하며 김이 서리는 향기로운 차와 함께 이야기꽃을 피운다. 기도하는 과정이며 은혜, 현재 살고 있는 삶, 내생 인연…… 이런 이야기로 하루 종일 있어도 일어나기 싫은 곳, 헤어지기 싫은 사람, 우담화를 나는 많이 사랑한다. 우담화가 있어서 행복하다. 부디 건강하기를 기도한다.

또한 경치 좋은 분당에 가면 큰 아들네 가족이 있어 행복하다. 별 같은 모습으로 살아가는 가족, 손자 손녀가 늠름하게 커 가서 대견하다. 큰며느리는 언제 봐도 한결같은 싹싹함으로 시아버지의 사랑을 독차지하고, 나이 든 우리 부부는 큰아들 큰며느리가 있어 든든하고 부러울 것이 없다.

인천 송도에는 둘째 아들네가 산다. 저희들 집에 오라고 자주 전화를 하지만 바쁜 탓에 그러질 못한다. 그곳에 가면 며느리가 영양사라 때마다 바뀌는 메뉴로 행복하다. 손자 손녀 역시 교육을 잘 시켜 바르게 커 가고 오래 묵고 가라는 며느리의 진심어린 말이 고맙다.

아무것도 부러울 것이 없는 나날의 삶이 소중한 데도 가끔가다 태어남도 죽음도 없으면 좋겠다는 생각을 한다. 자연의 법칙을 누가 어기랴. 세상은 생멸의 연속인 것을…… 부처님께서는 죽을 것도 없고, 태어날 것도 없고, 유도, 무도, 줄어드는 것도, 늘어나는 것도 아니며, 항상 그 자리일 뿐이라고 하셨다. 생각하면 할수록 심심미묘법에 감동을 받는다.

만물 중에 인간의 몸을 받은 것만도 복 받은 일이라고 불가에서는 말한다. 나라는 존재를 생각할 때, 사계절이 뚜렷한 아름다운 대한민국에 태어나서 살기 좋은 충북 음성 땅에 사는 것이 축복이 아닐까 싶다. 그중에서도 좋은 만남이 있어 감사한다. 만나기 어려운 불법을 만났고, 좋은 스승님들, 도반들, 문우들, 이웃들, 사랑하는 가족들이 있어 삶이 충만하다.

젊은 시절에는 사람이 늙어가는 것에 대해 무척 비관적으로만 생각했다. 우선 모습이 좋아 보이지 않고 모든 기능을 잃어감이 싫었다. 한 걸음 한 걸음 죽음의 길로 가는 부모님의 모습에 가슴 아파 혼자 눈물을 흘린 적도 많았다. 하지만 이제는 이별도 아름답게 받아들이는 연습을 한다. 이별은 그리움을 탄생시키고 그리움은 또 다른 만남을 준비시킨다. 이별이 없다면 만남의 행복이 소중할 리 없다.

행복이란 평화와 자신의 삶에 대한 깊은 만족이라 했다. 객관적인 조건에서 기본 생활이 안정되고 건강하며 자기 일과 취미인

보물을 하나씩 갖고 있을 때, 공동체 안에서 떳떳한 구실을 하고 원만한 대인관계가 이루어질 때, 내가 상대방에게 바라는 것만큼 해줄 수 있을 때 행복을 느낀다고 한다. 이러한 모든 조건이 갖추어졌다 하더라도 자기 스스로 만족을 느끼지 못하면 그것은 참다운 행복이 아닐 것이다. 그러고 보면 행복은 자신의 마음이 만들어 가는 것이 확실한 듯하다. 요즘 나는 나이 먹는 것에 대해 관심이 멀어졌다. 내 할 일에 충실하다보면 나이 먹는 것쯤 생각할 여유가 없다. 24시간이 너무 짧다.

"우리는 참 행복한 사람이야" 하고 내가 남편에게 속삭이니 "그럼, 행복하고말고. 이 행복이 다 청정심 여사님 기도 덕분이지. 고마워" 하며 빙그레 웃는다. 그런 남편의 모습이 무척 행복해 보였다. 나이 들어 다른 사람 신세 지지 않고 살아가며, 기다려 주는 사람이 있고, 내 할 일이 있고, 종교에 귀의하여 마음의 평안을 얻으며 살아가는 지금의 내 모습이면 행복한 삶이 아니겠는가.

그러고 보면 행복과 불행이라는 것은 다 마음자리에서 비롯된 것은 아닐지. 둘은 언제나 같이 동반하는 것이지 떨어져 있지 않은 것 같다. 그래서 늘 행복한 사람도 늘 불행한 사람도 없다. 행복은 어느 누구도 그냥 갖다 주지 않고 자신이 땀 흘려 가꾸는 것이므로.

초승달

인연 중에 사람 인연보다 더 소중한 것은 없을 것이다. 소중하게 생각하는 지인 두 분이 멀리서 찾아 오셨다. 저녁식사는 신선한 무공해 쌈밥으로 하고 미타사 선다원으로 향했다.

입구에 들어서자 이제 막 어둠이 내리기 시작한 길 양옆으로 사월 초파일 오색등이 예쁜 빛을 발하며 우리들을 향하여 열을 지어 반겨주는 듯하다. 도중에 산책 중인 주지스님과 우담화 보살을 만났다. 차에서 내려 인사를 하고 걸어가는 도중 누가 "저 초승달 좀 봐!" 하고 크게 소리를 질렀다. 하늘을 쳐다보았다. 구름 한 점 없는 맑은 하늘에 실낱같은 초승달과 그 품에서 금방 톡 튀어나온 듯 아기별 하나가 반짝거렸다. 하늘에는 오롯이 초승달과 별 하나뿐이었다.

그동안 나는 어느 것 하나 모자람 없어 보이는 보름달을 좋아했다. 초승달은 왠지 차갑고 왜소하다는 생각에 좋아하지 않았다. 이제까지 초승달이 그렇게 아름답게 느껴본 적은 난생 처음이다. 자연은 어쩌면 그렇게도 신비로울까. 과학이 아무리 발달한다 해도 자연의 신비로움에는 따를 수 없을 것이다. 오늘따라 초승달이 아름답게 보이며 내 마음을 끄는 연유가 뭐란 말인가. 아마도 지금의 내 마음 때문일까? 요즘 내 삶에 대한 회한이 많아졌다. 예전에는 무심하게 느껴지던 것이 요즘은 소소한 것에도 더없이 소중하게 여겨지는 것이 사실이다.

초승달과 별의 어우러짐이 어쩜 그토록 조화로울 수 있을까? 명화의 한 장면을 감상하듯 신기하기만 하다. 선다원에 들어가 마음이 맑은 분들과 차를 마시니 마음도 더없이 맑아진다. 이내 못 잊어 다시 나가 초승달을 감상했다. 그 아름다운 경이로움에 눈을 뗄 수가 없었다. 자연이 주는 아름다움의 신비가 수없이 많을 텐데 우리는 무감각하게 흘려보내며 산다. 그런 신비는 마음의 눈이 열려 있어야 맛볼 수 있을 것이다.

지인들을 배웅하고 집에 와서 달력을 보니 음력 사월 초사흘이었다. 그 뒤로 나는 만나는 사람마다 이번 사월 초사흘 초승달을 보았느냐고 물으며 그날의 초승달 모습을 이야기해 주었다. 그날 초승달을 본 사람 중에 두 사람이 아주 예뻤다고 말했다. 같은 달을 보지만 보는 사람에 따라 느끼는 감성이 다르기 때문에 나와 같은 느낌은 아니었을지도 모른다. 내게는 분명 사월 초승달은 내가 깨우쳐야 할 선지식인 듯하다. 앞으로 나는 초승달에 관심이 많아질 것 같다.

『아함경』에 이런 구절이 있다 "보름이 지난 달은 차차 줄어들어 마침내 모든 광명이 사라질 것이다. 그러나 초승달은 날마다 광명이 더해져서 마침내 온 세상을 밝게 비추게 될 것이다." 이렇듯 초승달은 희망이다.

초승달과 별, 나의 삶을 바른 길로 인도해 주시는 주지스님과 주지스님의 사제 우담화, 오랜 지기이며 예술을 사랑하는 우리의 만남이 보름달을 향해 채워 가는 초승달처럼 더없이 고요하고 포근하고 평화스럽게 이어져 가기를 소망한다. 광대무변한 우주 안에 한 점 생명으로 살아 있음이 감사한 날이다.

욕망의 얼굴

인간의 욕심은 무한대다. 말을 타면 종을 부리고 싶다는 말이 있듯이 편하면 더 편한 쪽으로, 하나를 가지면 둘을, 그 이상의 것을 갖고 싶은 쪽으로 자꾸 자신을 몰아가는 것이 사람의 마음인 것 같다.

「법공양」에 있는 재미있는 우화 한 가지가 생각난다. 인도의 한 산속에 꾀꼬리와 공작과 호랑이가 함께 살고 있었다. 어느 날 꾀꼬리가 아름다운 목소리로 노래를 부르자 화려한 옷을 입은 공작이 샘이 났다.

"꾀꼬리야. 어쩌면 그렇게 아름다운 목소리를 낼 수 있니? 나의 외모에다 너의 목소리까지 갖춘다면 더 바랄 것이 없겠다. 꾀

꼬리야! 네 목소리를 나에게 빌려줄 수 없겠니?”라고 하자 꾀꼬리가 하는 말이

“안 돼요! 이러한 목소리를 갖기 위해 제가 얼마나 노력했는지 아무도 모를 거예요. 지금도 제 목소리를 다듬고자 끊임없이 발성 연습을 한답니다. 나의 목소리를 빌려 주고 나면 누가 나에게 관심을 갖겠어요?”

그때 산 속의 호랑이가 말하기를

“그까짓 목소리나 화려한 옷으로 무엇을 하려고? 나는 코뿔소와 같은 뿔이나 하나 있었으면 좋겠어. 뿔만 하나 더 있으면 맹수의 왕들 중에서 최고가 될 텐데……”

꾀꼬리의 목소리를 빌렸으면 하는 공작과 뿔을 갖기를 원하는 호랑이, 이것이 욕심이고 탐욕이다. 공작의 활짝 펼쳐진 날개면 얼마든지 아름다움을 뽐낼 수 있고, 뿔이 없어도 호랑이는 산중의 왕으로 살 수 있는데도, 욕망은 끊임없이 더 좋고 멋진 것을 찾고자 한다.

어느 누가 이르기를, 욕심은 화를 불러일으키고 사망에까지 이른다고 했다. 현시대 정치인들이나 재벌들을 보면, 몇 생을 닦아도 얻기 어려운 자리에 있음에도 만족할 줄 모르고 더 높고 화려한 것을 찾다 결국에는 파멸로 이르는 것을 볼 수 있다. 여름날 불

빛에 몰려든 부나방처럼 말이다.

어찌 보면 우리 모두가 꾀꼬리의 목소리를 원하는 공작이고, 뿔을 바라는 호랑이일지도 모른다. 현시대는 개성을 원하는 시대이다. 여러 분야를 잘하는 것보다 특출한 재능 하나만 있다면 인정받을 수 있는 그런 세상이 도래한 것이다. 상대의 능력을 넘보지 않고 내 능력을 인정받는 사람이 되기 위해서는 부단한 자기 노력이 필요한 것은 물론이다.

뒤꼍 감나무에서 울어 대는 말매미 소리가 오늘따라 정겹다. 마치 꾀꼬리가 발성 연습을 하는 듯이 들려온다.

등잔

내 기도상 위에는 백자로 된 등잔이 있다. 그 등잔에는 '이 밖에 무엇을 구하랴!' 라는 글귀가 새겨져 있다. 정말 더 이상 구할 것이 없다는 말일 것이다. 등잔은 조석으로 기도할 때만 불을 켠다. 기도할 때마다 그 글귀에 유달리 눈길이 간다. 몇 년 전 이천 도자기 박람회 때 고가의 다기 한 세트를 샀더니 주인이 비싼 등잔이라고 하면서 덤으로 준 것이다.

등잔에 불이 켜지면 나는 어느새 어린 시절의 친정집으로 돌아간다. 가물거리는 등잔불 아래에서는 할머니와 어머니가 식구들의 옷을 지었고 다리미질을 했으며 음식도 만드셨다. 특히 어머니는 동지섣달 긴 밤을 문풍지 떠는 소리를 들으며 아버지 옷을 지으셨다. 그 일은 어머니에게는 이미 다른 여인의 품으로 돌아선 지아비를 기다리는 유일한 희망이었을지도 모른다. 사랑방에서는 마실 오는 분들이 등잔불을 벗 삼아 이야기책을 읽으며, 옛날이야기에 밤새는 줄을 몰랐다.

그렇게도 중요시 여기던 등잔불이 전기가 들어오고 나서부터 서서히 사라져갔다. 이제는 사찰에서 옛날의 그 심지기름이 아닌, 전기로 밝힌 등잔불이나마 볼 수가 있다. 전기는 편리는 하지만 정서가 없고 문명의 이기가 가져오는 폐단도 크다. 그러고 보면 편리한 것이 다 좋은 것은 아닌 듯하다.

촛불은 오랜 시간 기도를 하다 보면 촛농이 떨어지고 지저분해서 몇 년 전부터 나는 등잔불을 켠다. 우리 집은 한옥으로, 방문 또한 창호지를 바른 조선문이다. 전기를 끄고 등잔에 불을 밝히면 창호지 문살에 비치는 은은함은 친정 부모님 품속처럼 포근하다. 그 불빛을 받으며 기도를 하다 보면 옛 분들의 얼굴이 떠오르고 친정집이 다가오며 향수에 젖어 눈시울이 뜨거워질 때도 종종 있다. 그럴 때마다 이 세상에 계시지 않은 분들의 극락왕생을 빌기도 한다.

오늘 새벽에도 등잔불을 댕기고 향을 사르며 참회기도를 시작

으로 가족들의 무장무애를 빈다. 등잔에 씌어진 '이 밖에 무엇을
구하랴!' 라는 글귀가 가슴으로 들어온다.

말 한마디

"이 세상은 괴로움의 바다(苦海)"라고 성현께서 말씀하셨다. 그 말씀은 누구나 한세상을 살다보면 많은 걱정과 근심이 떠날 날이 없기 때문이다. 어려운 고비를 넘기고 나면 생각지도 않은 다른 어려움이 또 기다리고, 우연히 만나 친형제처럼 같이 지내던 인연이 악연으로 끝나게 되는 가슴 아픈 경험도 갖게 된다.

더불어 살아가며 세상을 밝게 만들기 위해서는 서로에게 사랑과 용서의 마음이 있어야 하지 않을까 싶다. 서로가 부족한 것을 채워 가는 것, 물질적으로 힘이 들 때에는 힘 있는 이들이 힘이 되어 주고, 말로 상처를 받았을 때는 말로써 위로를 해 주어 마음의 치료를 해 주는 것이다. 말 한마디로 천 냥 빚을 갚는다는 말

도 있고, 말 한마디로 사람을 살릴 수도 죽일 수도 인생을 바꿀
수도 있다.

어떤 분은 젊었을 때 하는 것마다 되는 일이 없고 빚만 불어 가
족들의 끼니조차 이어갈 수 없었다. 어느 날 물에 빠져 죽으려고
나섰다가 이왕 죽는 김에 본인의 앞날이 어떤가 물어보고 죽는다
고 철학관을 찾았다. 뜻밖에도 당신은 지금은 끼니조차 못 이어
갈 운명이지만, 마흔 살만 넘으면 거부巨富가 될 운을 타고났다는
희망적인 이야기를 들었다. 그 말에 힘을 얻고 다시 가정으로 돌
아가 무엇이든지 닥치는 대로 열심히 일을 했다. 철학관에서 말
한 대로 차차 생활에 활기가 생기더니 우연히 조그마한 사업을
시작한 것이 조금씩 일어나기 시작했다. 현재는 그 지방에서 제
일가는 부자가 되어 가난한 사람들에게 도움을 주며 모든 사람들
에게 존경받는 사람이 되어 있다는 이야기를 들었다. 철학관을
찾았을 때 '당신은 앞으로 희망이 없다'는 말을 들었다면 그분은
분명 비관하여 자살의 길을 택했을 것이다.

또 다른 분의 이야기다. 형이 못살아 많이 도와준 동생이 사업
을 하다가 빚을 지게 되어 헤어날 길이 없어 형을 찾아가 도움을
청했다고 한다. 형이 어떻게 대했는지 그날 저녁에 그분은 자살
을 했다. 말이라도 따뜻하게 해 주고 조금이라도 도움을 주었다

면 자살까지는 안 했을지도 모를 일이다.

이 세상에 본래 내 것이라는 것은 없다. 일생을 먹여 주고 입혀 주고 닦아 주고 아껴 오던 이 몸도 언제 나를 배반하고 떠날 지 아무도 모른다. 현재 내가 소유하고 있는 것들은 본래 내 것이 아니라 인연에 따라 잠시 나에게 와서 머물다가 인연이 다하면 떠나가는 것이다. 내게 와서 머물 때 어떻게 유용하게 베푸는 것이 중요한 것인가를 생각하며 적절하게 베푸는 것이 가장 현명하게 살아가는 방법일 것이다.

일생을 베풀고만 사시다가 가신 훌륭한 지인은 "내가 은혜를 입은 것은 영원히 잊지 말고 내가 베푼 것은 그 자리에서 잊어 버려라"는 말씀을 자손들에게 남기셨다고 한다. 내가 베풀었다는 상을 내면 공덕이 소무공덕少無功德이 된다는 뜻이다.

인간관계에서는 언제나 이해관계로 인해 이기주의가 존재하기 마련이다. 베풂에 있어서도 무엇인가를 원하는 것이 따르면 그것은 거래관계가 전제된다. 그러한 이해관계에서 다툼과 시비의 원인이 생기는 것이다. 요즘 젊은 부부들의 관계를 보더라도 본인이 베푼 사랑에 대한 응답이 부족한 것 같으면 원망의 마음을 일으켜 끝내는 이혼까지 이르는 경우가 많다. 내가 주는 것으

사유니!
동묵느제
미수읏믐
2010.6.17

로 만족하고 베풂으로써 얻어지는 기쁨만이 영원한 것이다. 하지만 우리는 주는 것 보다 소유를 먼저 생각한다. 내가 베푼 상대에게 보답이 없을 때는 섭섭함이 앞서 증오심까지 갖게 되는 것이 우리 중생들의 마음이다.

우리는 수 억겁 년을 환생하면서 끊임없이 부모, 형제, 자식의 인연으로 만났다가 헤어진 사람들이다. 짧은 세상 더불어 살며 사랑하고 용서하고, 모든 것을 베푸는 마음으로 충만하다면 이 세상은 그대로 극락정토가 되리라.

꽃 공양

장미는 얇은 꽃잎이 겹겹이 겹쳐 송이가 아담하고 예쁜 꽃이다. 청초롬한 작은 꽃 한 송이가 사람의 마음을 이렇듯 즐겁고 환하게 해 준다고 생각하니 고맙다는 생각이 든다. 불교신자라서 그런지 나는 많은 꽃들 중에 부처님 전에 올려진 꽃은 행운의 꽃이란 생각이 든다.

어떤 장미는 부처님 전에서, 또는 임금님 계신 뜰이나 사람이 많이 오고가는 공원에서 아름다운 자태로 향기를 내뿜으며 사랑을 받는다. 반면에 아무도 보아 주지 않는 여염집 뒤란이나 개똥밭에서 저 혼자 피고지고 하는 꽃들도 있다. 하지만 바람과 공기, 햇볕과 달빛, 빗물은 언제나 잊지 않고 찾아주는 지기가 되어주기에 자연은 어디나 평등하다.

부처님께 꽃 공양을 많이 하면 다음 생에 미인으로 태어나고 사람들이 많이 따른다고 한다. 내생을 생각하기 전에 예쁜 꽃을 보면 부처님께 올리고 싶은 마음이 앞선다. 쉬운 일 같지만 자주 올리는 기회가 주어지지 않았다.

어느 날 주지스님께서 꽃 공양에 대해서 말씀해 주시면서 초하 룻날만이라도 누가 한 달에 한 번씩 꽃 공양을 맡아서 하라고 하 셨다. "제가 맡아 할께요" 하고 선뜻 나섰다. 초하룻날마다 장미 70송이를 안고 법당으로 간다. 한 송이에 천 원씩 신도들에게 권 한다. 남은 이익금은 다음 해 초파일 부처님 오신 날에 꽃 공양하 는데 보태기로 했다.

모든 일은 때가 있는 법이다. 주지스님께서 신도들을 위하여 꽃 공양 올리는 기회를 주셨으니 얼마나 다행인가. 이렇게 중요 한 때를 놓치면 영영 기회가 다시 오지 않을지도 모른다. 어떤 신도는 한 송이 또 어떤 신도는 두 송이나 세 송이, 다섯 송이씩 올리는 신도도 있지만 한 송이도 올리지 않는 신도도 있다. 그래 서 남은 꽃은 언제나 두 보살님이 책임을 지기도 하고 때에 따라 서는 한두 사람이 조금씩 보태 줄 때도 있다. 작은 돈으로 두 번 씩이나 꽃 공양을 올리는 셈이다. 티끌 모아 태산이라는 말이 있

듯이 신심 있는 신도님들의 도움으로 일 년에 걸쳐 모은 이익금
은 백여만 원에 이르렀다. 이 돈은 이번 부처님 오신 날에 올릴
꽃을 사는데 쓰일 것이다. 앞으로 더 많은 신도님들이 꽃 공양을
해서 다음 부처님 오신 날에는 더 풍성한 꽃 공양이 되었으면 하
고 바란다.

얼마 전 연화사에서 백일기도를 입재하게 되었다. 자비도량참
법 기도는 1권씩 10일 만에 회향하게 된다. 1권 할 때마다 장미꽃
10송이씩, 회향 날엔 100송이가 부처님 전에 올려진다.

열흘 정도 지나면 부처님 전에 올려진 장미는 시들해지며 보기
싫어진다. 그러면 싱싱하고 고운 새로운 장미로 갈아 올린다. 시
들해진 장미라도 부처님 전에 올렸던 것을 쓰레기통에 넣기에도
그렇고, 처리 또한 마땅치 않아 내가 집으로 가져오기로 했다. 장
독대에 널어 말려 장을 달이고 떡 찔 때 장작 지피는 불쏘시개로
쓸 작정이다. 처음 올려질 때의 장미는 싱그럽고 향기로워 뭇사
람들의 눈을 유혹시켰는데, 이제 이런 흉한 모습으로 되다
니……

나도 분명 장미만큼이나 예쁘다는 이십대가 있었다. 지금의 나
이가 마음먹은 대로 행동해도 법도에 어긋남이 없다는 종심從心

에 가까운 것을 보니 시들어 버린 장미나 다를 것이 없는 듯하다. 장미는 한 생애 동안 최선을 다했고, 부처님 인연으로 마지막까지 중요한 역할을 하며 자신을 깨끗하게 회향하였다.

부처님 전에 꽃을 올리는 것은 내 안의 가장 순결한 마음으로 최상의 공경을 드리는 행위이다. 두 손 합장하고 부처님 전에 지극 정성 절을 올린다. 비록 금생에 성불은 못하더라도 내생을 약속하며, 하루하루의 삶이 부처님 전에 공양되는 한 송이 꽃이기를 빌며……。

계영배

미타사 선다원에 갔더니 총무스님께서 이상한 물건 하나를 내놓으시며 여기에 물을 붓고 싶은 대로 부어 보라고 했다. 거북 받침대에 조그마한 술잔이 올려져 있었다. 술잔에 적당히 물을 부었더니 조금 더 부어 보라고 한다. 가득 채웠더니 한 방울도 남지 않고 다 빠져 버리는 것이다. 다시 부어 보라고 해서 이번에는 반이하로 부었더니 그것도 다 빠져 버렸다. 7할 정도 부었을 때만 고인 채로 한 방울도 빠지지 않았다. 하도 신기해서 많이 부었다 반쯤 부었다 몇 차례를 반복해 보았지만 같은 현상이 일어났다. 그것은 말로만 듣던 '가득 채움을 경계하는 잔'인 계영배戒盈杯였던 것이다.

스님께서는 너무 욕심을 부려도 욕심이 너무 없어도 안 되고 중도를 지켜야 한다는 말씀을 하셨다. 도자기를 만든 분은 스님이라고 하셨다. 만든 분의 지혜가 놀라웠다. 계영배의 의미는 두고두고 깊이 생각하게 한다. 인간의 욕심이란 한이 없는 것이다. 하나를 구하면 둘을 구하고 싶고, 셋을 넷을…… 무한대로 욕심이 불어나는 것이 사람의 마음이다.

머칠 전 큰아이가 책상을 사 와서 미루던 사불寫佛기도를 시작했다. 내가 원하는 원만상과 내생, 나의 미래상을 상상하며 지장보살님 사불기도에 들어갔다. 그런데 밑그림의 눈이 너무 가늘고 용안은 넓고 코가 예뻐 보이지 않았다. 눈은 조금 크게 용안은 타원형으로 작게 이목구비를 그리려고 노력했다. 하지만 얼굴형이 마음대로 되지 않는다. 얼굴 한 군데만 잘못돼도 전체가 균형이 안 잡혀 성의 없게 된다. 마음을 가다듬고 몇 번 시도를 해 봤지만 또 실패다. 그래서 아예 용안은 맨 나중에 그리기로 했다. 연화대와 몸, 주장좌와 마니보주를 든 손, 장삼을 정성을 다해 그려진 원 그림대로 그린다. 맨 나중에 용안을 그린다. 그러나 또 얼굴이 삐뚤어지고 입술이며 코, 눈이 반듯하게 안 되는 것이다.
백팔 불을 다 조성해 가는 데도 마음에 드는 원만상이 한 불도 그려지지 않는다. 재주가 없어도 너무 없다는 생각에 한심하기만 했다. 곧은 선까지도 손이 떨려 매끈한 선이 하나도 없다. 너무 잘하려고 욕심을 내다보니 어려워서 그런지도 모른다는 결론이 섰다.

오늘 아침에는 욕심을 버리고 밑그림대로 따라서 그려 보자고 처음으로 시도해 보았다. 그랬더니 원하는 원만상이 나왔다. 용안이며 눈, 코, 입이 어느 정도 마음에 드는 것이다. 흐리게 그려져 있는 지장보살님의 모습이 마음에 안 들어 욕심을 부렸던 것이 화근이었다.

세상을 살아가면서 무엇이든지 욕심이 지나치거나 순리를 어기면 안 된다는 것을 다시 한 번 깨닫게 되었다. 미타사에서 계영배를 보고 고통은 소유와 집착, 애욕과 허무로부터 비롯하며, 이것을 초월했을 때 드디어 득도하게 된다는 깨달음을 얻었다. 그런데 생활하면서 어느새 그 진리를 잊어버리고 욕심을 부리고 순리를 어겼던 것이다. 내 나이 이순을 넘긴 지 한참이 되었는데 왜 버리지 못하고 자꾸 욕심이 붙어나는지……

오늘부터 물살 같은 내 마음 한자리에 계영배 하나 들여 놓는다.

도반 인연

금년 여름에는 비 오는 날이 많다. 비 내리는 밤, 자정 무렵 남편과 대불전에 도착하면 지장보살님이 하늘에 까맣게 나투시곤 했다. 또 어떤 날에는 대불전에서 남편과 참배를 하고 남편은 집으로 가고 나는 법당으로 들어가는 순간 하늘에 시선이 멈춘다. 하늘에 삼존불이 우뚝 우뚝 서 계시는 것이다. 가슴이 두근두근해지고 감개무량하여 두 손 모으고 한없이 절을 올린 다음, 법당으로 들어가서 경책을 열어 경전을 독송한다.

신심과 환희심이 하늘까지 올라가 닿는 느낌이다. 현존하시는 부처님이 중생들의 삶을 지켜보고 계시는 도량, 이 성스러운 인연의 만남에 감사할 뿐이다. 어떻게 나는 이렇게 훌륭한 도량에서 기도를 올리게 되었을까? 모두가 신기할 뿐이다. 꿈인지 생시인지 기도 시간 열 시간이 십 분 지나가듯 순간 지나간다.

미타사에 첫발을 들여 놓은 지 삼십 년이 넘었다. 미타사 본당 오르는 길을 따라 가다 보면 산 중턱쯤 왼쪽 위 큰 바위에 돌부처님이 모셔져 있다. 마애여래불로 고려말기에 조성된 것이라 한다. 많은 세월 동안 수없이 그곳을 지나치지만 올라가며 내려가며 두 손 모으고 세 번씩 반배로 고개를 숙일 뿐이었다. 석불님이 모셔져 있다는 생각뿐 무심이 지나쳤다.

항상 집에서 하는 기도지만 이번에는 셋째 아이만을 위하여 가까운 연화사에서 백일기도를 해야겠다고 생각했다. 그때 이왕 하는 기도, 힘이 들더라도 대불전에서 해 보라는 우담화의 권고가 있었다. 남편에게 기도에 대해서 이야기해 주고 백일 동안 차로 데려다 주고 데려올 수 있느냐고 물었더니 쾌히 승낙을 하는 것이다.

대불전에서 백일기도를 시작했다. 법당 안에서 경전을 독송하고, 신묘장구대다라니는 법당 밖으로 나가 백팔 번을 외우면서 도량을 돌았다. 기도 시작한 지 23일, 다라니 외우는 시간에 우담화가 참배하는 석불님께 올라가 보았다. 처음으로 가까이 가 본

곳인데 낯설지 않았다. 아늑하고 신선했다. 이곳에서도 기도를
해야겠다는 욕심이 생겼다.

밤 12시에 우담화는 본당에서, 나는 대불전에서 경전을 독송하
고, 4시 40분에 다기를 모시고 다라니를 외우며 마애여래불이 계
신 곳으로 올라가면 우담화는 촛불을 켜고 절을 올리고 있다. 방
해가 될까 싶어 본당과 석불의 중간쯤까지 올라가 본당에 계신
모든 분들께 반배씩 절을 세 번 드리며 "감사합니다. 성불하십시
오" 하고 인사를 한다.

돌아서서 석불님이 계신 곳을 내려다본다. 숲이 우거진 깊은
산속 돌담 아래 층층이 올려진 돌층계, 보호각 위에 뜬 달, 그 아
래 두 개의 촛불이 켜진 앞에서 절하는 우담화, 나뭇잎 사이사이
로 반짝이는 수많은 별들, 접동새의 구슬픈 소리가 나의 마음을
사로잡는다. 만물이 다 잠든 시간 오직 접동새의 애절한 울음소
리만 산사의 공기를 울릴 뿐이다. 이 세상에 이렇게 아름다운 무
대가 어디 또 있을까. 이 아름다운 산사의 경치를 나 혼자 감상하
기에는 너무 아까웠다. 이 고요한 시간, 만상이 잠든 때 깨어 기도
하는 두 사람의 공존이 무량겁을 넘어 지금 이루어지고 있으니,
천년을 이어온 간절한 불심이 시절인연을 기다려 현현하는 것이
아닐까.

긴 세월 동안 하루같이 맑은 마음으로 올리는 우담화의 기도. 지성이면 감천이라고 했다. 온 우주가 지켜보고 제불보살님들께서 지켜보고 계시는데 무슨 소원인들 안 이루어질까.

그의 소원은 자식들의 무장무애와 어느 때고 그가 세상을 떠나는 날, 곤히 잠들었다 눈을 떴을 때 명안 큰스님께서 자기 손을 잡고 미소 짓고 계시는 만남이라 한다. 우담화의 소원은 꼭 이루어질 것이라고 믿는다. 약한 몸에 잠도 안 자고 지극 정성 기도드리는 모습이 얼마나 대견하실까. 모든 부처님이 품어주시고 명안 큰스님께서 극락정토로 인도하실 것이다.

나는 우담화가 부럽다고 생각하면서 우담화와의 인연을 고맙게 생각한다. 전생에 인연이 있었기에 금생에 만난 것이고, 금생에 좋은 인연으로 만나 한 회상에서 기도를 하며 내생의 약속까지 단단히 한다. 우리의 소중한 인연은 세세생생 좋은 도반으로 만나 불도를 닦아 성불하여 모든 중생 제도시키려는 원력으로 맺어진 인연이다.

부처님 경전에 "열매를 얻으려거든 씨를 뿌려라. 선의 씨를 뿌리면 복을 얻나니, 종자를 심지 않고서는 과실을 얻지 못하느니라. 그 마음을 올바르게 가지면 복은 스스로 그 몸에 올 것이다"고 했다. 좋은 열매를 거두겠다는 진실한 마음으로 올리는 기도는 어느 생이든 더없이 무량한 복락이 될 것이라 믿는다.

성전스님은 "삼천 년의 생을 만나 당신과 내가 만났다"고 했다. 또 "당신을 만나기 전 당신은 이미 내 안에 있었고 나 또한 이미 당신 안에 있었기 때문입니다. 처음인 것 같지만 우리의 만남은 삼천 년의 생을 두고 우리 안에서 익어온 것입니다. 그러나 이 오랜 인연의 시간에도 불구하고 우리는 그냥 지나치거나 다 사랑하지 못하고 헤어지고야 맙니다. 그것은 우리의 시선이 영원을 보는 법을 잊어버렸기 때문입니다"라고 했다.

30년이 넘어서야 인연이 닿아 마애여래불 앞에 가서 백일기도로 은혜를 입었다. 매일 독송을 하면서 처음 발견한 어느 경구가 마음에 와 닿아 부처님 말씀을 이해한 적도 있다. 항상 다니던 길에서 처음 만난 특이한 돌, 들풀, 수십 년을 만나 지나치면서도 먼 사람 같이만 생각하던 사람이 어느 날부터 아주 소중한 사람으로 다가오기도 했다.

우담화를 만난 지는 30년이 넘었지만 가까워진 지는 10년이 되어 간다. 삼천 년에 한 번씩 핀다는 우담화 꽃은 만나기 어려운 꽃이다. 큰스님께서는 그 몫을 하라고 귀한 이름을 사제에게 주신 것 같다. 큰스님 생존해 계실 적, 어려울 때마다 버팀목이 되어 주었던 우담화다. 누구도 할 수 없는 기도 성취. 아무도 모르게 무상

보시를 많이 하고 있고 어려운 자리를 묵묵히 잘 지키고 있다. 앞으로도 사바세계에 있는 한 아무도 할 수 없는 일을 해낼 것이다. 세상에 필요하지 않은 것이 어디 있을까. 필요하기 때문에 존재하는 것이다. 다만 필요할 때를 만나지 못했을 뿐이다. 삼천 년에 한 번 피는 우담화는 나와 때가 되어 만난 것일까.

큰마음 먹고 시작한 백일기도였다. 내가 연화사에서 기도를 했더라면 중간에서 물러날 뻔했다. 기도 중에 단청불사가 이루어졌고 보면, 나 한 사람 때문에 단청불사를 겨울까지 연기할 수는 없었을 것이다. 우담화 덕분에 백일기도를 남편까지 잘 회향했다. 기도 중에 생각도 못했던 문학상도 수상했고, 교통사고로 죽을 뻔했던 남편도 살아난 기적을 주셨다. 아직 셋째 아이의 소망은 이루어지지 않았지만 이 아이의 업이 녹는 과정일 것이다. 모든 소원은 문 앞에서 기다리고 있다가 업이 다하면 바로 문 안으로 들어와 셋째 아이를 맞이할 것이다.

희망을 가진 삶은 어떠한 곤란이 닥치더라도 이겨낼 수 있고 언제나 기쁨과 행복이 충만하다. 세세생생 아름다운 원력을 세우며 오늘도 희망과 기쁨과 행복을 가득히 채워주는 도반 우담화가 있어서 행복하다.

우리의 만남은 우연이 아니야

나에게는 특별하고 소중한 언니가 한 분 계신다. 친정어머니 이상 자상하고 알뜰히 챙겨주는 분이다. 먼 타향으로 시집와서 외로움을 많이 타고 낯가림이 심해서 사람들과 쉽게 사귀지 못하는 나는 그 언니를 만나서 30여 년 동안 행복한 삶을 살았다. 우리는 좋은 일이 생기면 부처님의 은혜라고 감사기도를 하고, 우환이 있을 때는 아직 업이 남아서라고 더욱 기도에 정진했다. 오직 부처님과 스님들만 바라보며 살아온 세월이었다.

돌아보면 정말 순진했고 천진난만했던 그때가 내 삶에서 가장 행복했던 시절이었다. 같은 하늘 아래 그 분이 존재한다는 것만으로도 행복했고 이 좋은 인연을 주신 부처님께 감사한 마음으로 살았다. 연년호년年年好年, 월월호월月月好月, 일일호일日日好日, 시시호시時時好時로 삶이 충만했다.

젊은 시절 시집살이하며 가정 경제권이 주어지지 않았던 나는 지갑이 빈 적도 많았다. 어느 결혼식 때 만났다가 집에 와서 우연히 지갑을 열었을 때 깜짝 놀란 적도 있었다. 만 원짜리 지폐가 가득 채워져 있었기 때문이다. 버스만 타면 나는 조는 습관이 있었는데, 그 틈에 언니는 당신 지갑에 있던 돈을 내 지갑에 전부 넣어 주었던 것이다. 어디 이뿐인가. 내가 답답한 일로 고심을 하고 있는 듯하면 먼저 눈치를 채고 해결을 해 주었고, 외출복이 시원찮아 보이면 유명메이커 옷으로 바꿔 입혀 주었다. 또 내가 도와주어야 할 사람에게도 넉넉한 자비의 손길을 보내주었던 언니이다. 친형제라도 그런 마음을 쓸 수 있는 형제가 얼마나 있을지……언니와 나는 어느 생에 어떤 인연이었기에 그토록 서로에게 소중한 사람이 되었을까.

그런데 어느 날부턴가 생각지도 못했던 일이 벌어지기 시작했다. 누구와 너무 사랑을 하면 신神도 시기를 한다는 말이 있다. 그래서 그런 일이 일어났던 것일까? 어떤 오해로 언니와 멀어지기 시작했고 서로의 마음이 꽁꽁 얼어 6년 동안 등을 지고 살았다. 누구의 말로도 바늘 하나 꽂을 틈을 주지 않았다. 암담한 마음으로 야속했지만 진실은 세월이 밝혀 줄 것이라 믿고 묵묵히 기도에만 매달려 살았다.

사람들은 우리의 사이를 부러워하며 둘만의 사랑은 영원할 것이라고 믿었다고 했다. 그러던 것이 주위 사람들에게도 모두 실망을 주었던 것이다. 그동안의 괴로움을 어떻게 다 표현할 수 있겠는가. 미타사 큰스님은 생전에 "청정심이 부처님보다 나보다 더 좋아했던 사람이 청정행인데, 내가 두 사람 관계를 해결해주어야 하지만 마음대로 안 된다" 하시며 늘 안타까워 하셨다. 열반하신 후 여러 방법을 보이셨지만 우리는 알아차리지 못했다.

『금강경』에서 말하기를 "경을 독송하면서도 타인으로부터 업신여김을 당하면 이 사람은 전생의 죄업으로 마땅히 악도에 떨어질 것이로되, 금생에 업신여김을 받는 까닭으로 전생의 죄업이 곧 소멸되어 마땅히 아뇩다라삼먁삼보리를 얻게 되느니라"고 하셨다. 제불보살님들께서 나의 신심을 보셨던 것일까? 가장 믿고 어떤 잘못도 용서해 줄 언니에게 그러한 방법을 쓰셨을 것으로 믿어진다. 나의 두터운 업이 그런 일 아니고는 소멸될 수가 없었을 것이다. 죽어도 몇 번을 죽었다가 다시 태어난 기분이다. 정말 무서운 고비를 넘겼다. 언니의 호된 그런 방법 아니고는 어느 누구도 나를 구제해 줄 사람이 없었던 것이다. 언니는 영원한 나의 구세주이다.

나의 업이 다 소멸돼서일까? 아니면 모든 것은 때가 있는 법인지 만남의 기회를 주셨다. 보광사와 대원사 순례를 마치고 오는 도중 보현회 총무를 맡고 있는 반야심이 때를 놓치지 않고 우리 두 사람을 끌어냈다. 그리고는 같이 간 보살들이 우리를 둘러싸고 "우리의 만남은 우연이 아니야……"란 노래를 불러 주는 것이다. 우리 둘은 눈물을 흘리며 반성하고 부끄럽다는 말로 대신했다.

몇 달 후 장애복지회관을 방문했다. 거기에서 언니를 만났다. 보현회의 회장으로서 한마디 하라는 말에 나는 언니와의 만남에 대해서 이야기했다.

"어느 작가는 넓은 땅 위에서 하필이면 함께 태어나 한 나라에서 같이 살아간다는 것은 결코 우연한 일이 아니라고 했습니다. 우리도 대한민국에서 태어나 한 사찰의 신도로 만나 큰스님 품안에서 성장한 것은 축복이었습니다. 청정한 도량에서 훌륭한 스님들을 모시고 청정행 같은 보살님을 만난다는 게 전 행복합니다. 청정행 보살님은 이름대로 살아가시는 훌륭한 분이십니다. 온갖 재주는 다 갖고 있으면서도 감추고 오직 선공부와 기도, 보살핌

이 필요한 사람들에게는 힘이 되어 주시는 분입니다. 상 없는 보시로 부처님께서 설해 놓으신 『금강경』 말씀대로 살아가는 이 시대에 가장 위대한 숨은 수행자, 우리 모두의 스승이신 청정행 보살님을 만난 것은 백천만겁 난조우입니다."

얼마 후 버스가 휴게소에서 멈추자 언니는 나에게 다가와 손을 잡으며 가장 지성과 덕을 갖춘 말로 사과를 했다. 말 한마디에 천 냥 빚을 갚는다는 말이 있듯이 그동안 섭섭했던 모든 것들이 순간에 사라져 가고 있었다. 과연 언니는 대보살이었다. 어느 누구도 그런 표현으로 사과를 하기는 어려운 일이다. 이렇게 훌륭한 언니와 나는 전생부터 이어진 특별한 인연임에 틀림없었던 것 같다. 긴 세월 서로 냉정하게 살아왔지만 내가 그랬듯 언니도 지난날 좋았던 우리의 인연을 잊지 않고 서로 아쉬워하고 있었기에 다시 하나로 맺어진 것은 아닐까?

40년 전에 보살계를 받을 때 열반하신 큰스님께서 법명을 지어 주셨는데 언니에게는 청정행, 나에게는 청정심으로 지어 주셨다. 많은 신도들 중에 제일 먼저 청정행, 다음에 청정심을 부르셨다. 아무것도 모르는 우리에게 이름대로 살아가라고 차례로 귀한 법명을 주신 것 같다. 우리는 법명대로 살아가려고 열심히 기도하고 노력하며 살고 있는 중에 이런 장애를 만난 것이다.

이 특별한 인연을 다시는 놓치고 싶지 않다. 언니와 나는 꽁꽁 얼어붙었던 마음이 풀리어 청정수로 바뀌었으니, 마르지 않는 옹달샘이 되기를 기원한다. 나도 남은 생을 언니 같은 삶을 살고 싶다. 그런 축복의 시간들이 나에게도 주어지기를 기도드린다.

언니로 인해 30년을 극락세계에서 살다가 6년을 지옥에서 살았다면, 그 6년은 영원히 안주할 우리 극락세계의 터전을 닦고 세우는 튼튼한 발판이 될 공부를 한 시간이 아니었을까 싶다. 그동안 나를 비우고 열심히 공부한 탓일까? 나는 지금 극락세계에 사는 기분이다. 언니와 나는 부지런히 공부하여 현재 내가 살고 있는 이 자리에서 극락세계를 체험하며 살다가 이 몸 버리는 날 극락세계에 왕생하였다가 성불하여 사바세계에 다시 와서 한없는 중생 제도하자고 약속을 한다.

'부처님, 자비의 물로 중생들의 때를 씻어 주시어 다툼 없는 보리에 이르게 하여 끝까지 청정케 하옵소서.'

기도를 올리며 하늘을 쳐다보았다. 광대무변한 하늘에서 해님이 나를 내려다보고 있었다.

'언제까지나 지금 그 마음대로만 정진하여라. 그러면 너의 소원은 다 이루어 질 것이니라. 극락정토는 가고 올 것 없이 네가 있는 자리가 극락이니라.'

해님은 말없는 설법을 들려주고 있었다.

萬日기도 회향

만일기도 회향이 다가오고 있다. 부처님께 귀의한 지는 금년 들어서 48년이 되었지만 규칙적으로 하루도 빼놓지 않고 기도 생활로 들어선 지는 어언 만 일. 짧고도 긴 세월인 것 같다. 그동안 살아 온 세월을 회상해 보노라니 마치 주마등같이 지나간 나의 삶이 하나하나 떠오른다. 왜 이렇게 눈물이 나는지 모르겠다.

세상살이 아무것도 모르고 살았다. 부모님 품에서 학교와 집밖에 모르고 살다 대학 재학 중 남편을 만나 먼 충청도로 시집을 온 것이다. 밥 한번 안 해 보고 불 한번 때 본 적도 없었다. 낯선 곳에 와서 낯가림이 심한 나는 모두가 어렵고 무섭기만 했다. 모든 일에 요령이 없어서 늘 긴장하였고 대가족 속에서 하루가 여

삼추였다.

　힘든 생활 속에서 4남매를 낳아 키우며 나라는 것에 대한 존재의식도 없이 살아왔다. 우울증에 얼굴엔 노란 꽃이 피고 뚜렷한 삶의 목표도 없이 살다가, 삼십대 초반에 약국을 하는 청정행 언니를 만났다. 그때부터 청정행 언니는 둘도 없는 나의 언니가 되어 텅 비었던 삶을 꽉 채워주기 시작했고 삶은 활기를 되찾았다.

　어머님이 다니시는 사찰인 가섭사에서 언니와 함께 기도하는 것이 최상의 낙이었다. 양쪽 가정에 어려운 일이 있을 때마다 언니와 나는 백일기도에 들어갔다. 한 마음으로 비린 것도 입에 안 대고 지극 정성으로 기도를 올려 어려운 일을 이겨냈다.

　그 후 시절인연이 도래되어 미타사를 찾게 되었다. 가섭사가 내 마음의 아버지라면 미타사는 내 영혼의 어머니이다. 내가 미타사를 영혼의 어머니로 여기는 것은 주지스님으로 계시는 명안 큰스님 때문이다. 부처님 법도 모르고 기도만 하는 우리에게 자세하게 법문을 가르쳐 주셔서 불교에 확실한 눈을 뜨게 해 주셨고 더욱 신심도 키워 주셨다.

　40대 들어서면서 시작한 언니와의 새벽기도가 30년의 세월이 흘러 70대에 들어섰다. 충실한 삶을 산 사람들은 옆 한번 안 돌아보고 앞만 보고 살았다는 말들을 한다. 우리는 앞도 옆도 안 보고 오직 부처님과 기도해 주시는 스님들만 바라보고 살았다. 30년을 하루같이, 날이 갈수록 신심이 불꽃 일어나듯 지칠 줄을 모른다. 젊어서 처음 기도할 때는 두세 시간도 힘들었다. 이 나이 되어서는 앉은 자리에서 10시간 이상도 순간 지나가듯 힘든 줄 모른다. 그러다 백일기도에 들어가면 행주좌와行住坐臥, 어묵동정語默動靜으로 온 정성을 쏟는다.

외국 여행을 하게 되면 『자비도량참법』이나 『지장경』은 여행 날짜 잡힌 만큼 미리 기도를 해 놓는다. 여행할 때는 비행기 안에서나 버스를 탈 때나 길을 걸을 때도 다라니를 외우거나 주력을 했다. 낮에 저녁기도를 미리 해 놓아야 잠을 편히 잘 수 있기 때문이다. 다라니나 주력을 할 때는 염주를 돌려야만 기도가 계속 이어진다. 염주를 안 가지고 하다 보면 그냥 잊어버리기 때문이다. 마음이 염주에 모여 있어서다. 여행할 때 오히려 기도를 더 많이 하게 된다. 아침 버스에 오르면서 저녁 호텔에 들 때 그날의 기도가 회향이 된다. 나의 손에서는 언제나 염주가 돌아가야 하기 때문에 여행에서 찍은 사진에는 어디서나 염주가 들려 있다.

오전에 약속이 있는 날이면 밤을 꼬박 새운다. 사가에서는 저녁기도 마치고 나면 자정이 가까워 온다. 느긋하게 마음먹었다가는 새벽기도를 끝내기 어려워 샤워하고 바로 기도에 들어간다.

밤새 초롱초롱한 정신으로 신심을 다하는 기도는 일사천리로 한다. 평상시에도 새벽기도와 저녁기도 시간이 길어 친척 집에 가서 잘 수도 없었고 내 집에 손님이 와도 곤란했다. 대화를 할 시간이 없었기 때문이다. 남편하고도 대화할 시간이 없다. 그래서 남편은 늘 불만이다. 이렇게 나는 기도 힘으로 살았다. 그리고 기도의 힘은 컸다. 어떠한 어려운 일이 있어도 기도가 있기 때문에 꿋꿋이 이겨낼 수가 있었다. 젊은 세월을 기도에 다 바쳤다. 그렇게 기도를 해도 장애란 장애는 다 우리를 거쳐 간다.

때로는 종교도 없이 편안한 삶을 살면서 식구들 또한 건강하고 자식농사도 잘 지어 우쭐대며 사는 사람들이 부러웠다. 나는 업이 얼마나 두꺼우면 이 모양일까? 자신을 원망한 적도 가끔 있었다. 하지만 이런 생각은 순간이었고, 불법 만난 것을 진정 축복으로 생각하고 우리 훌륭한 스님들 인연에 감사할 따름이다.

도인이신 우리 큰스님은 "나를 비방하고 난도질하는 사람을 은인으로 알라"고 가르쳐 주셨다. 참으로 옳으신 말씀이다. 불법의 안목으로 보면 도무지 따지고 싸울 필요가 없다. 부처님 법은 모두가 희망적이라, 누명을 씌워도 무시해도 좌절할 필요가 없다. 그런 것들로 인해 기도하는 나의 업이 소멸되어 아뇩다라삼먁삼보리를 이루기 때문이다. 만약 세계가 불교로 통합이 된다면 이 지상에 전쟁이 없을 텐데, 언제 그런 태평세월이 올 것인지……

나의 삶은 단순하고 순수했다. 명안 큰스님을 은사스님으로 모시고 오직 큰스님 말씀대로 순종하며 기도로 오늘까지 왔다.

명안 큰스님께서는 "사가私家의 삶은 부업으로 삼고, 부처님 법을 본업으로 삼고 살라"고 하셨다. 나는 그 말씀을 따르려고 노력한다. 큰스님이 계셨기에 나의 30년 기도 생활은 행복했다. 남편이 아파도, 아이들에게 좋지 않은 일이 생겨도 한쪽으로는 걱정이 되면서도 늘 희망을 잃지 않았다. 그것은 큰스님이 인도해 주신 기도 덕분이다.

회향 날이 가까워질수록 지난날들의 소중함을 더욱 느끼게 되며 그리워진다. 젊음이 갔고, 좋아 했던 분들이 너무 많이 떠나가셨다. 금생에는 다시 만날 수 없는 인연이기에 그리움이 나날이 쌓여 가지만 내생에 더욱 좋은 인연으로 만날 것을 기대한다. 반면 나에게는 새로운 만남도 많아졌다. 며느리들, 손자 손녀들, 사위, 도반들, 글 동네 선후배들 때문에 오늘도 바쁜 생활 속에서 희망을 안고 만나 기쁘게 웃으며 사랑을 나눈다.

나의 금생은 조금 어려운 삶이라 해도 괜찮다. 신심 있는 신도들 한 사람 한 사람의 지극 정성어린 '만일기도'의 역사歷史는 부처님 세계에 가득히 기록되어 있을 것이다. 또한 스님들이 조석으로 신도들 가정마다 축원해 주시는 축원이 우주에 메아리쳐 빈틈없이 전해지고 있을 것이므로, 제불보살님들은 중생들의 모든 삶을 말없는 미소로 지켜보고 계실 것이다.

이 나이가 되고 보니 그동안 스쳐간 인연들이 얼마나 소중했고, 지금 만나고 있는 인연 또한 얼마나 소중한지를 절감하게 된다. 부처님께서는 기도 중에 나에게 큰 원력을 주셨으니, 참으로 '백천만겁 난조우' 라는 생각이 든다. 이 귀한 인연으로 세세생생 불국토를 세계로 전하고, 모든 중생을 다 제도시키겠다는 원력과 희망으로 나의 기도는 지칠 줄을 모르고 오늘도 이어진다.

이인적異人的인 수도인의 삶
청정심의 수필정신

鄭 周 煥(문학박사. 호남대 명예교수)

인생이 가는 곳, 무엇을 닮았을까?

비홍飛鴻의 눈 내린 진흙탕을 밟는 것과 같지 않으랴?

비록 진흙탕 위에 발자국 남긴다 하더라도,

기러기 날아가 버리면 그 뿐, 동서를 구태여 가릴 필요 있으랴?

청정심 선생의 수필을 읽으면서 소식蘇軾의 선시禪詩 한 편이 떠오른 것은 웬일일까? 어쩌면 그의 글을 통해 내 마음의 영혼을 온통 빼앗긴 데서 나온 휘파람일지 모른다. 그만치 그의 수필, 한 줄 한 줄은 온통 내 마음과 영혼을 빼앗아 갔다. 때로는 그의 고고

함에 흥얼거렸고, 때로는 모종의 선의禪意로 희열감에 취했으며, 때로는 현사玄思와 묘오妙悟의 우아미에 나를 맡겼다. 그러는 가운데 중국의 전설적인 인물인 방산자方山子의 삶이 자꾸만 떠올라 창문을 열어 보기 수십 번이었다.

방산자는 권문세가의 집안에서 태어났다. 그러나 그는 명예를 추구하지 않고, 관복을 찢고 산 속에서 살았다. 수도 낙양에서 장려한 원택과 수천 필의 재물을 거둬들였으나 그는 그것에 개의치 않고 오직 산 속에서 수도로 이인異人의 삶을 살아가는 길을 택하였다.

청정심 선생 역시 현문顯門의 가문에서 자라서 현문으로 출가하였고 충분한 부와 세도도 갖추고 있다. 참으로 무엇 하나 부러울 것이 없는 행복의 조건을 두루 갖춘 가문이다. 그런데도 그는 그것에 개의치 않고 하루 10시간 이상을 기도에 매달리는 삶을 살아가고 있다. 천일기도만 해도 쉬운 일이 아닌데 만일萬日기도 생활에 정진하고 있다. 그것은 초인적인 삶이 아니고는 행할 수 없는 일이다. 밤 12시면 부처님 전에 나아가 기도로 한 밤을 밝힌다는 것은 보통의 불심 가지고는 상상할 수 없는 일이지 않는가. 그것도 하루도 빠짐없이 행한다는 것은 말할 나위 없는 일이다. 그렇게 그는 자신에게는 너무도 가혹한 이인적異人的인 삶을 살아가고 있는 현대적인 방산자이다.

기도 생활 속에서 영혼의 만족과 행복 넘치는 부처님의 은혜를 오래전에 터득하였기 때문에 가능한 일이었으리라 생각된다. 그렇지 않고는 여인의 몸으로 오밤중에 불전을 찾는 과감성을 이행하기에는 난감했으리라. 세속의 속인이 맛보지 못한 또 다른 세계로 그 자신의 힘이 아니라 어쩌면 부처님께서 내려주시는 원력으로 거슬러 올라갔을 수 있지 않을까 생각된다. 인간의 생명이 지푸라기처럼 하잘것없는 삶이라는 것을 일찍이 터득하였기에 그 같은 불도의 선열禪悅에 침잠할 수 있었을 것이다.

그러므로 그의 수필은 온통 육각 에스트로겐을 담고 있다. 편편이 마음에 평화를 주고, 영혼에 안식을 주며, 우리의 삶에 대한 바른 방향을 제시해 주고 있다. 수필이라기보다 한 편의 종교서이고, 문학작품이라기보다 하나의 철학서다. 읽다 보면 하늘에서 내리는 기려綺麗한 꽃잎들이 휘날리고 있는 환상에 젖게 된다. 박질무화朴質無華한 가운데 평담자연平淡自然의 운치에 젖게 하고, 속회사신贖回捨身의 진의가 수골생동秀骨生動하는 낙토를 맛보게 된다. 그는 희소노매嬉笑怒罵의 소재를 심미이상審美理想의 구름으로 채색하는 필력을 가진 수필가이면서 보살이다. 그러기에 한 편의 수필이 음울한 인생을 고환高歡시키고 답답한 하루를 청정한 신령神靈으로 고쳐시키는 마력을 지녔을 것이다.

아무튼 그의 수필은 평안하고 안락한 안방 거실의 행복감에 젖게 한다. 묘사는 자상한 어머니 품속의 따스함이 있고, 내용은 숭고한 아버지의 위엄이 가슴을 시리게 하며, 정취는 우미한 할머니의 사려 깊은 사변의 속삭거림이 있다. 말하자면 청정심의 수필은 우리나라에서 새롭게 시도된 선수필禪隨筆이요, 돈오頓悟의 깨달음을 담고 있는 철리수필로 많은 독자들에게 오랫동안 기쁨에 젖어들게 할 것이라 생각된다.

저자●청정심(이상옥)

경기도 포천 출생

덕성여대 가정학과 중퇴

월간문학 신인상으로 등단

대표에세이 회원

한국문인협회 회원

음성문인협회 회원

국제펜클럽한국본부회원

연암문학상 수상

저서: 『청향당의 봄』

그림●한명철

인사동 가나아트 센터 초대전(2003)

미국 라스베가스 ABC KIDS EXPO 전시(2005)

일본 오사카, 교토 목각 테마투어전시(2006)

유니세프초대전(2009)

현재 청주 초롱이네도서관 목각교실 운영

내 마음에 피는 우담발화

초판 1쇄 인쇄 2010년 7월 14일 | 초판 1쇄 발행 2010년 7월 21일

지은이 청정심(이상옥) | 펴낸이 김시열

펴낸곳 운주사 (136-036) 서울 성북구 동소문동 6가 25-1 청송빌딩 3층

전화 (02) 926-8361 | 팩스 (02) 926-8362

ISBN 978-5746-254-6 03220 값 12,000원

http://www.buddhabook.co.kr